Johann Rudolf Asmus

Julian und Dion Chrysostomos

Johann Rudolf Asmus

Julian und Dion Chrysostomos

ISBN/EAN: 9783743421165

Hergestellt in Europa, USA, Kanada, Australien, Japan

Cover: Foto ©Thomas Meinert / pixelio.de

Manufactured and distributed by brebook publishing software (www.brebook.com)

Johann Rudolf Asmus

Julian und Dion Chrysostomos

JULIAN UND DION CHRYSOSTOMOS.

Von

J. R. Asmus.

Beilage zum Jahresbericht des Grossherzoglichen Gymnasiums zu Tauberbischofsheim 1895.

Tauberbischofsheim.
Druck von J. Lang's Buchdruckerei.
1895.

Inhalt.

Einleitung	p. III ff.
Julians Mustermythos	„ 1 „
Komposition des Mustermythos	„ 5 „
Julians Mustermythos und Dion	„ 6 „
Julians Skizze des Heraklesmythos, der Mustermythos und Dion	„ 9 „
Julians siebente Rede und Dion	„ 11 „
Deutung des Mustermythos	„ 11 ff.
Julians zweiter Panegyrikos, der Mustermythos und Dion	„ 12 „
Julians Trostrede und Dion	„ 15 „
Julians Caesares	„ 17 „
Julians Caesares und Dion	„ 18 „
Julians Mustermythos und die Caesares	„ 21 „
Das philosophische Herrscherideal bei Julian und Dion	„ 24 „
Verbindung des Herakles- und Dionysosmythos bei Julian	„ 25 „
Julians Brief an Themistios und Dion	„ 27 „
Julians Brief an Themistios und die Caesares	„ 28 „
Julians grosses Brieffragment und Dion	„ 29 „
Julians Galiläerschrift und Dion	„ 32 „
Julians Misopogon und Dion	„ 34 „
Julians Verhältnis zu den Kynikern	„ 36 „
Schluss	„ 38 „

»Julian war in vielen Dingen nichts weniger
als ein Originalgenie«. **Klopstock.**

»Gemacht, aus Reminiscenzen zusammengesetzt
sind die Schriften Julians«. **Strauss.**

Die Wahrnehmung, dass der Kaiser Julian in seinen Werken sich hier und da mit dem Rhetor Dion Chrysostomos berührt, ist keineswegs eine neue. Vielmehr reichen die Schriften, welche dieses Thema behandeln, bis ins siebzehnte Jahrhundert zurück. Es sind in chronologischer Aufzählung folgende:
Spanheim's »Observationes« zu Jul. or. 1 in seiner Gesamtausgabe von Julians Werken, Lips. 1696 fol. — Wyttenbach's »Animadversiones« zu Jul. or. 1 und desselben »Epistola critica super nonnullis locis Juliani etc.« (abgedruckt in Schäfer's Ausgabe von Jul. or. 1, Lips. 1802 p. 131 ff. und 225 ff.). — Hertlein in seiner Julianausgabe, Lips. 1875 ff. p. 275. — Weber, »De Dione Chrysostomo Cynicorum sectatore« (Leipz. Stud. zur class. Philol. 10. 1887) p. 98,2; 238,3. — Barner, »Comparantur inter se Graeci de regentium hominum virtutibus auctores« (Diss. Marp. 1889) p. 44. — Prächter, »Dion Chrysostomos als Quelle Julians« (Arch. für Gesch. der Philos. 5 1892) p. 42 ff. — Schwarz, »Julianstudien« (Philologus 51) p. 651. —

Alle diese Arbeiten mit einziger Ausnahme der an vorletzter Stelle genannten streifen unsere Frage bloss gelegentlich, indem sie vereinzelte Aehnlichkeiten bei Julian und Dion nachweisen. Aber auch Prächter's sorgfältige Untersuchung, die in dem »Nachweise« gipfelt, »dass bei Abfassung eines Teiles der zweiten Rede Dion Chrysostomos dem Julian vorgelegen hat«, bleibt am einzelnen haften und bringt es nicht zu einer einigermassen umfassenden Betrachtung der Abhängigkeit des Kaisers von dem Rhetor. Und doch hatte er so gut wie schon Barner den für dieselbe in erster Linie massgebenden Gesichtspunkt, wenn auch nicht mit der nötigen Schärfe und Deutlichkeit, richtig erfasst. Es ist der vielgestaltige philosophisch-politische Topos »von der Königsherrschaft«, in dessen Behandlung Julian sich durchgehends als Schüler Dions erweist. Eine annähernd erschöpfende Darstellung dieses Abhängigkeitsverhältnisses wird sich daher auf dem vergleichenden Studium der beiderseitigen Schriften aufbauen müssen, welche in irgend welcher Beziehung von »der Königsherrschaft« und den damit zusammenhängenden Fragen handeln. Dass dabei jede einzelne Entlehnung Julians aus Dion nachgewiesen werde, wäre bei dem grossen Umfange der litterarischen Hinterlassenschaft des Rhetors ein unbilliges Verlangen. Wir werden uns daher damit begnügen, die wichtigsten Uebereinstimmungen hervorzuheben. Da das genannte Thema bei dem Kaiser an den verschiedensten Orten erörtert wird, so eröffnet eine derartige Untersuchung neben dem Gewinne für ihren unmittelbaren Zweck auch noch die Aussicht, manches zum bessern Verständnisse der Werke Julians im einzelnen und zur Erkenntnis ihres inneren Zusammenhanges beizutragen. Diese Nebenabsicht wird am besten dadurch erreicht, dass wir im folgenden nicht sowohl eine systematische Darstellung der julianischen und dioneischen Ansichten über »die Königsherrschaft« zu geben, als vielmehr von diesem Gesichtspunkte ausgehend die einzelnen Schriften des Kaisers, die hier in Betracht kommen, auf Dion zurückzuführen gesonnen sind. Endlich hoffen wir, mit der kulturhistorischen Begründung dieses auf den ersten Blick so auffälligen engen Anschlusses des Kaisers an den Rhetor auch die Auffassung, welche Julian von seiner eigenen Herrscheraufgabe hatte, in ein helleres Licht setzen zu können. — Die Belege geben wir durchweg in deutscher Uebertragung mit möglichst engem Anschlusse an das griechische Original (Julian. ed. Hertlein und Dion. ed. Dindorf, Lips. 1857), wobei uns, da sowohl für Dion als für Julian eine vollständige Uebersetzung noch aussteht[1]), grossenteils leider fast gar keine Vorarbeiten zur Verfügung standen. Was wir aus der umfangreichen Julian- und Dion-Litteratur ausser den bereits genannten Werken benutzen konnten, ist jeweils an Ort und Stelle ausdrücklich namhaft gemacht. Zur Ergänzung unserer Ausführungen über einzelne Schriften des Kaisers verweisen wir schliesslich noch auf unsere Abhandlungen: »Gregorius von Nazianz und sein Verhältnis zum Kynismus (Theol. Stud. und Krit. 1894 p. 314 ff.«, »Theodorets Therapeutik und ihr Verhältnis zu Julian (Byzant. Zeitschr. 3. 1894 p. 116 ff.)«, »Eine Encyklika Julians und ihre Vorläufer (Zeitschr. für Kirchengesch. 16. 1895)« und »Ist die pseudojustinische Cohortatio eine Streitschrift gegen Julian? (Zeitschr. für wissensch. Theologie 38. 1894)«[2]).

---

[1]) Für Dion stellt eine solche in Aussicht S t i c h, » . . . Drei Reden des Dio Chrysostomus [16. 12. 18.] . . . übertragen und erläutert . . . « Progr. Zweibrücken 1890. [2]) Wir citieren diese Abhandlungen im folgenden unter »A. Greg., A. Theod., A. Enc. und A. Coh.«.

Der Kaiser Julian flicht in seine (7.) Rede „gegen den Kyniker Herakleios über die kynische Lebensart und über die Frage, ob es dem Kyniker ansteht, Mythen zu dichten", als Probe einer mythischen Erzählung p. 294, 25—304,7 folgenden *Mustermythos*[1]) ein: „Ein reicher Mann besass viele Schafe und Herden von Rindern und ‚schweifende Ziegenherden (Iliad. II 474 XI 678 Od. XIV 101. 103)', ‚Stuten aber weideten ihm oftmals zehntausend rings in den Auen (Iliad. XX 221)', und als Schafhirten [p. 295] hatte er Sklaven und Freie, die ihm um Lohn dienten. Er hielt Rinderhirten für die Rinder, Ziegenhirten für die Ziegen und Pferdehirten für die Pferde und gebot über sehr viele Schätze. Einen grossen Teil hievon hatte ihm sein Vater hinterlassen, noch weit mehr erwarb er aber selbst hinzu, da er reich werden wollte auf gerechte wie auf ungerechte Weise. Denn er kümmerte sich[2]) nicht viel um die Götter. Er hatte aber viele Frauen und von ihnen Söhne und Töchter. Unter diese verteilte er seine Habe und starb darauf, ohne sie irgendwie in der Vermögensverwaltung unterwiesen oder ihnen gezeigt zu haben, wie man einen derartigen Besitz, falls er noch nicht vorhanden, erwerben, oder, wenn er vorhanden, erhalten könne. Denn in seiner Thorheit meinte er, die Menge (der Erben: vgl. u.) sei hiezu an und für sich schon ausreichend. Er verstand sich nämlich auch selbst nicht recht auf die hiefür nötige Kunst, da er sich dieselbe nicht durch Studium, sondern mehr durch eine Art von Gewohnheit und Erfahrung angeeignet hatte, wie die schlechten unter den Aerzten, welche die Menschen nur nach der Erfahrung heilen, weshalb ihnen auch der grösste Teil der Krankheiten entgeht. So hatte er denn im Glauben, die Menge seiner Söhne sei ausreichend für die Erhaltung seines Vermögens, nicht dafür Sorge getragen, dass sie tüchtige Männer würden. Dieser Umstand aber wurde die erste Veranlassung zu ihren gegenseitigen Ungerechtigkeiten. Denn ein jeder strebte wie der Vater danach, viel und alles allein zu besitzen, und wandte sich so gegen seinen Nächsten. Eine Zeitlang ging dies nun so. Es hatten aber auch noch die Verwandten, die ebenfalls keine gute Erziehung besassen, ihren Genuss von dem Unverstande und der Thorheit der Söhne. Darauf erfüllte sich alles mit Mordthaten, und die tragische Verfluchung wurde von der Gottheit [p. 296] verwirklicht. Denn das väterliche Erbe zerteilten sie mit ‚der Schärfe des Schwertes (Eur. Phoen. 67)', und alles war voll Unordnung. Die von

---

[1]) Eine ausführliche Inhaltsangabe desselben giebt Bartenstein, »Zur Beurteilung des Kaisers Julianus« Progr. Bayreuth 1891 p. 43 ff. Einen Auszug teilt Neander², »Ueber den Kaiser Julianus etc.« Gotha 1867 p. 59 mit. [2]) Das hier folgende »auch« streicht Klimek, »Coniectanea in Julianum etc.« Diss. Vratisl. 1883 p. 13·

den Vorfahren erbauten Heiligtümer wurden von den Söhnen niedergerissen, nachdem ihr Vater sie früher vernachlässigt und der Weihgeschenke beraubt hatte, welche, von vielen andern abgesehen, besonders auch von seinen Ahnen gestiftet worden waren. Während aber die Heiligtümer in den Staub sanken, wurden alte Grabdenkmäler[1]) wieder hergestellt und neue erbaut, da ihnen der Zufall und das Schicksal voraussagte, dass sie in nicht zu langer Zeit viele Grabdenkmäler benötigen würden, weil ihnen eben nicht viel an den Göttern gelegen wäre.

Wie nun alles auf einmal in Verwirrung geriet und Ehen geschlossen wurden, die keine Ehen waren, und das Göttliche zugleich mit dem Menschlichen entheiligt wurde, da überkam Zeus eine Regung des Mitleides. Er wandte seine Augen auf Helios und sprach: „Mein Sohn, der du vor dem Himmel und der Erde unter den Göttern entsprosstest, bist du noch gewillt, dem anmassenden und frechen Manne seinen Hochmut zu vergelten, dem Manne, der dich verliess und über sich, sein Geschlecht und seine Söhne diese so grossen Leiden gebracht hat? Oder glaubst du, wenn du ihm auch nicht grollst und zürnst und nicht gegen sein Geschlecht deine Pfeile schärfst, dadurch weniger Unheil über ihn zu bringen, dass du sein Haus verwaisen[2]) lässest? Wohlan, wir wollen die Moiren rufen, ob dem Manne irgendwie geholfen werden darf." Diese leisteten nun dem Rufe des Zeus sofort Folge.

Und [p. 297] Helios sah, wie wenn er etwas bedächte und bei sich überlegte, starren Blickes auf Zeus. Da sprach von den Moiren die älteste: „Mein Vater, es hindern es Hosiotes und Dike. An dir ist es nun, da du uns ja doch einmal geboten hast, ihnen nachzugeben, auch jene umzustimmen." „Sie sind ja meine Töchter (antwortete Zeus), und ich darf sie daher fragen. Was sagt ihr also, ihr Hehren?" „Hierüber, erwiderten sie, unser Vater, hast du selbst zu gebieten. Sieh aber zu, dass unter den Menschen dieser schlimme Eifer der Gottlosigkeit nicht völlig überhand nimmt." „Auf beides, antwortete er, will ich achtgeben." Da spannen die Moiren, welche in der Nähe waren, am Schicksalsfaden alles so, wie es der Vater wünschte.

Zeus aber begann zu Helios: „Dieses Knäblein da — es war mit ihnen (vgl. o. p. 1) verwandt als Neffe jenes reichen Mannes und als Vetter seiner Erben, aber ganz bei Seite gestossen und vernachlässigt —, dieses Knäblein da ist dein Sohn. Schwöre mir nun bei meinem und deinem Scepter, ganz besonders für dasselbe zu sorgen, es zu hegen und von der Krankheit (vgl. o.) zu heilen. Du siehst ja, wie es gleichsam mit Rauch, Schmutz und Russ bedeckt ist, und Gefahr droht, das von dir ihm eingepflanzte Feuer möchte verlöschen, ‚wo du nicht mit Stärke dich gürtest (Iliad. IX 231)'! Ich und die Moiren aber gestatten es dir. Hole es also und sorge für seine Erziehung." Als der König Helios diese Worte hörte, wurde er froh, und er hatte seine Freude an dem Kinde, da er einen kleinen Funken seines eigenen Wesens in ihm [p. 298] noch erhalten sah: er zog nun das Knäblein auf und entführte es ‚aus Blutstrom und aus Getümmel und aus der Männermordung (Iliad. XI 164)'. Der Vater Zeus aber gebot auch der mutterlosen, jungfräulichen Athena, in Gemeinschaft mit Helios das Knäblein aufzuziehen.

---

[1]) »Die Capellen auf den Gräbern der Martyrer« fügt Neander a. a. O. p. 59 erläuternd hinzu. [2]) Die Uebersetzung Neanders a. a. O. p. 60: »Da sein Haus von dir verlassen ist« giebt keinen rechten Sinn.

Als er aber auferzogen und zum Jüngling herangewachsen war, „dem erst keimet der Bart im holdesten Reize der Jugend (Iliad. XXIV 348)", da erkannte er die Menge der Uebelthaten, welche sich bei seinen Verwandten und Vettern zugetragen hatten, und beinahe hätte er sich angesichts der Grösse der Uebelthaten vor Schrecken in den Tartaros gestürzt. Da aber hüllten ihn Helios und Pronoia Athena gnädig in Schlummer und Schlaf und brachten ihn von diesem Vorsatze ab. Als er wieder erwachte, ging er fort in die Einöde. Dort fand er darauf einen Stein, ruhte ein wenig aus und bedachte bei sich selbst, wie er der Grösse der so gewaltigen Uebelthaten entrinnen könnte. Denn zur Zeit schien ihm alles mit Schlechtigkeit erfüllt und nirgends mehr etwas gut zu sein. Da erschien ihm Hermes — denn er stand auf vertrautem Fusse mit ihm[1]) — wie ein gleichaltriger Jüngling, begrüsste ihn freundlich und sprach: „Komm', ich will dich einen glatteren[2]) und ebeneren Weg führen, wenn du nur erst diese kleine schiefe und abschüssige Stelle überschritten hast, wo alle, wie du siehst, straucheln, um [p. 299] sich dann von hier wieder zurück zu wenden." Der Jüngling machte sich mit grosser Vorsicht auf und trug bei sich ein Schwert, einen Schild und einen Dolch, sein Haupt war aber bislang noch unbedeckt. Im Vertrauen auf ihn (Hermes) schritt er nun vorwärts auf einem glatten, unversehrten, ganz reinen Wege, welcher voll war von Früchten und mannigfaltigen und schönen Blumen, die den Göttern lieb sind, und von Epheu-, Lorbeer- und Myrten-Bäumen. Er führte ihn aber zu einem grossen und hohen Berge und sprach: „Auf dem Gipfel dieses Berges thront der Vater aller Götter. Gieb nun acht! Hier ist die grosse Gefahr. Bezeuge ihm mit grösstmöglichster Frömmigkeit deine Verehrung und bitte ihn um das, was du wünschest. Möchtest du dir aber ja, mein Sohn, das beste erwählen." Nach diesen Worten verbarg sich Hermes wieder. Der (Jüngling) aber wollte von Hermes erfahren, was er sich von dem Vater der Götter erbitten solle, da er ihn aber, wiewohl er ganz nahe bei ihm stand, nicht erblickte, sagte er: „Der Rat ist zwar unzulänglich, aber dennoch gut. Drum lasst uns auf gut Glück das beste erflehen, wenn wir auch den Vater der Götter noch nicht deutlich sehen. Vater Zeus, oder welcher andere Name dir lieb ist, und wie du sonst genannt werden willst, zeige mir den Weg, der zu dir hinauf führt! Denn besser erscheint mir die Gegend dort bei dir, wenn ich auf die Schönheit bei dir von dem Glanze an diesen Orten hier schliessen darf, von welchen wir bisher gekommen sind." Auf dieses Gebet hin befiel ihn ein Schlummer oder eine Entzückung. Der (Zeus) aber zeigte ihm den Helios selbst.[3]) Der Jüngling erschrak [p. 300] über die Erscheinung und sagte: „Dir, Vater der Götter, will ich schon all der andern Wohlthaten wegen, besonders aber um dieser willen mich darbringen und weihen." Er umschlang die Knie des Helios mit seinen Händen und hielt sich fest an ihm mit der Bitte, ihn zu erretten. Dieser rief nun der Athena und gebot ihr, ihn zunächst darauf zu prüfen, was er alles für Waffen mit sich gebracht habe. Als sie aber den Schild und das Schwert samt dem Speere sah, da sagte sie: „Wo

---

[1]) »Verwandten Wesens mit ihm« übersetzt Neander a. a. O. p. 60. [2]) Den Comparativ statt des überlieferten Positivs schlägt Klimek a. a. O. p. 14 vor. [3]) »Den unsichtbaren Gott, dessen Bild der sichtbare am Himmel« bemerkt hiezu Neander a. a. O. p. 61, der p. 48 mit dem Mustermythos den Anfang der vierten Rede in Verbindung bringt.

hast du denn, mein Sohn, das Gorgoneion und den Helm?" Der aber antwortete: "Selbst diese Waffen hier konnte ich mir nur mit Mühe verschaffen. Half mir doch niemand, da ich im Hause meiner Verwandten ganz auf die Seite gestossen war (vgl. o. p. 2)." "Wisse darum, erwiderte der grossmächtige Helios, dass du durchaus dorthin (in das Haus der Verwandten) zurückkehren musst." Da bat er, ihn nicht wieder dorthin schicken, sondern dabehalten zu wollen, da er ja später nicht mehr zurückkehren, sondern unter den dortigen Uebeln zu Grunde gehen werde. Wie er nun in einem fort weinte, sagte er (Helios) "du bist eben noch jung und noch nicht eingeweiht. Gehe darum zu den Eurigen, damit du dich einweihen lässt und sicher dort weilen kannst. Denn du musst von hier fortgehen und alle jene Gottlosigkeiten (vgl. o. p. 2) sühnen und dabei mich und Athena und die andern Götter zu Hilfe rufen." Als der Jüngling dieses vernommen, blieb er in Stillschweigen versunken stehen. Da führte ihn der grossmächtige Helios auf eine Warte, oberhalb welcher alles mit Licht erfüllt, während der darunter liegende Teil voll unermesslichen Nebels war, durch den wie durch Wasser [p. 301] von dem Glanze des Helios das Licht schwach hindurchschimmerte. "Siehst du, sprach er, deinen Vetter, den Erben?" "Ich sehe ihn" antwortete er. "Erblickst du aber auch die Rinderhirten da und die Schafhirten?" Auch diese erklärte der Jüngling wahrzunehmen. "Was für ein Mann scheint dir nun der Erbe zu sein? Und was für Leute die Schafhirten und die Rinderhirten?" Da erwiderte der Jüngling: "Der Mann schläft, glaube ich, die meiste Zeit und lässt sichs in seinem Schlupfwinkel insgeheim wohl sein, bei den Schafhirten aber sind die ordentlichen in der Minderzahl, während die grosse Mehrheit schlecht und vertiert ist. Denn sie verzehren und verkaufen die Schafe und schädigen so zwiefach ihren Herrn. Seine Herden nämlich richten sie zu Grunde, und wenn sie von vielen nur noch wenige abliefern, sagen sie, sie erhielten keinen Lohn, und jammern. Und es wäre doch besser, sie verlangten ihren Lohn vollständig, als die Herde zu Grunde zu richten." "Wenn ich nun, sagte er, dich mit Hilfe der Athena da im Auftrage des Zeus an Stelle dieses Erben zum Aufseher über all dies einsetze —?" Da klammerte sich der Jüngling wieder an ihn und bat inständig, dableiben zu dürfen. Der aber sprach: "Sei nicht allzu unfolgsam, damit ich nicht so sehr ,dich hasse, als innig mein Herz dich geliebet (Iliad. III 415).' Der Jüngling sagte darauf: "Grossmächtigster Helios und Athena, und auch dich selbst, den Zeus, beschwöre ich, bedient euch meiner, zu welchem Zwecke ihr wollt." Plötzlich erschien nun Hermes wieder und machte den Jüngling beherzter. Denn nunmehr wähnte er, für seinen Rückweg und das dortige Leben den richtigen Führer gefunden zu haben. Da sprach Athena: "Merke auf, Trefflichster, der du von einem trefflichen Vater, [p. 302] von diesem Gotte da, und von mir entsprossen bist! Diesen Erben erfreuen die besten unter seinen Hirten nicht, sondern die Schmeichler und die Schlechten haben ihn zu ihrem Sklaven und sich unterthänig gemacht. So kommt es, dass er von den Ordentlichen nicht geliebt, von seinen vermeintlichen Freunden aber in den wichtigsten Dingen geschädigt wird. Sei desshalb darauf bedacht, dass du nach deiner Rückkunft nicht dem Freunde den Schmeichler vorziehst. Und höre auch eine zweite Mahnung von mir, mein Sohn! Dieser (Erbe) schläft (vgl. o.) und wird in den meisten Dingen getäuscht. Du aber sei nüchtern und wache, damit dich nicht mit der freimütigen Rede des Freundes der Schmeichler unversehens täusche, wie ein Schmied voller Rauch und Kohlenstaub in einem weissen Gewand und einem mit Bleiweiss geschminkten Gesicht, und du ihm dann eine von deinen Töchtern zur Frau gebest. Und noch eine dritte Mahnung vernimm von mir: „Achte sehr auf dich selbst, scheue aber nur uns, und wer von den Männern uns ähnlich ist, sonst aber niemanden. Du siehst ja, wie diesem einfaltigen Menschen die Scheu und die allzu grosse Schüchternheit geschadet hat." Da fiel ihr der grossmächtige Helios wieder in die Rede und sprach: „Wenn du dir Freunde erwählt hast, so behandle sie als Freunde und halte sie nicht für Sklaven und Diener, sondern begegne ihnen frei und möglichst schlicht und edelmütig und sprich nicht anderes, während du Entgegengesetztes von ihnen denkst. Du siehst ja, dass auch diesen Erben dies zu Grunde gerichtet hat, die Treulosigkeit seinen Freunden gegenüber. Liebe deine Unterthanen, wie wir dich. Die Rücksicht auf uns möge dich bei allem Guten leiten. Denn wir sind deine Wohlthäter, [p. 303] Freunde und Retter." Als der Jüngling dies gehört hatte, wurde er wieder heiter und zeigte sich bereitwillig, nunmehr in allem den Göttern zu folgen. „Gehe nun, sagte er (Helios), und ziehe deines Weges mit guter Hoffnung. Denn wir werden überall mit dir sein, ich, Athena und Hermes da und mit uns alle Götter im Olymp, im Bereich der Luft und der Erde und das ganze göttliche Geschlecht allerorten, solange du uns gegenüber fromm, gegen deine Freunde treu, gegen deine Unterthanen menschenfreundlich bist und ihnen zu ihrem Besten gebietest und vorangehst. Aber gieb nicht sklavisch deinen oder den Begierden jener nach. Ziehe nun dahin mit der Rüstung, in welcher du zu uns kamst, nachdem du noch diese Fackel von mir erhalten, damit dir auch auf der Erde ein grosses Licht strahle und du nichts von den Gütern hier vermissest. Von Athena aber hier, der schönen, empfange das Gorgoneion und den Helm. Denn sie besitzt, wie du siehst, viele Gaben und verleiht sie, an wen sie will. Es wird dir aber auch Hermes einen goldenen Stab schenken. Gehe nun geschmückt mit dieser Rüstung durch jedes Land, durch jedes Meer und gehorche unerschütterlich unsern Gesetzen, und niemand, weder unter den Männern noch unter den Weibern, weder von den Verwandten, noch von den Fremden, möge dich bereden, unsere Gebote zu vergessen. Denn wenn du bei ihnen verharrst, wirst du uns lieb und wert sein, achtbar aber unsern guten Dienern und gefürchtet [p. 304] bei den schlechten und erbärmlichen Menschen. Wisse aber, dass der Leib dir dieses Dienstes wegen gegeben worden ist. Denn wir wollen dir das Haus deiner Vorfahren aus Achtung vor diesen entsühnen. Sei darum eingedenk, dass die Seele, die du hast, unsterblich ist und von uns stammt, und dass du, wenn du uns folgst, ein Gott sein und unsern Vater zugleich mit uns erblicken wirst."

Betrachtet man die Komposition dieses Mythos etwas näher, so findet man, dass der Kaiser sich bei Abfassung desselben genau an die Vorschrift gehalten hat, die er p. 281,8 ff. seinem Gegner Herakleios mit folgenden Worten giebt: »Diese (Antisthenes, Xenophon und Platon) . . . hättest du nachahmen, an Stelle des Herakles den Namen des Perseus oder Theseus setzen, den antisthenischen Typus aufprägen und an Stelle der prodikeischen Scenerie . . . eine andere in das Theater einführen sollen.« Er legt nämlich thatsächlich seiner Allegorie die Dichtung des Prodikos von Herakles am Scheidewege zu Grunde, setzt an Stelle des

Zeussohnes den missachteten Sprössling eines begüterten Geschlechtes und stattet denselben mit Attributen aus, welche den Helden andrer Heroensagen eigentümlich sind. So wird man, um zunächst diesen letzten Punkt zu erledigen, an den Perseus-Mythos erinnert, wenn Julian p. 299,2 ff[1]) von dem Jünglinge sagt: »er trug bei sich ein Schwert, einen Schild und einen Dolch, sein Haupt war aber bislang noch unbedeckt«, worauf ihm p. 303,12 ff. Helios zum Abschied zuruft: »Ziehe nun dahin mit der Rüstung, in welcher du zu uns kamst, nachdem du noch diese Fackel von mir erhalten ... von Athena aber ... empfange das Gorgoneion und den Helm ... Es wird dir aber auch Hermes einen goldenen Stab schenken (vgl. p. 300,5 ff.)«. Ein Anklang an die Theseus-Sage dürfte wohl darin zu erkennen sein, dass der Schützling des Zeus in der Erzählung, zum Jüngling herangereift, das Vaterhaus verlasst, in die Einöde zieht und hier auf einem Stein ausruht, wo ihm Hermes als Führer für seine schwere Mission erscheint (p. 298,7 ff.). Der Stein wäre dann eine Nachahmung jenes Felsens, bei welchem Aithra ihren Sohn auf seine Heldenlaufbahn hinweist. Viel deutlicher sind aber die Spuren einer dritten Sage in dem julianischen Mythos wahrzunehmen, die der Kaiser auch selbst in unserer Rede p. 285,3 ff. im Zusammenhang mit der Heraklesallegorie kurz skizziert. Es ist die Sage von der Erziehung des Dionysos. Von den bei der Geburt dieses Heros obwaltenden Umständen heisst es hier p. 285,10 ff.: »Wie nun alles auf einmal vom Feuer verzehrt wurde«, und hiemit stimmt die Schilderung der traurigen Verhältnisse, in welchen der Jüngling des Mustermythos aufwächst, fast wörtlich überein (p 296,11 ff.: »Wie nun alles auf einmal in Verwirrung geriet«). Ferner bedient sich Zeus hier wie dort (vgl. p. 298,19 ff. mit p. 285,11 ff.) der Vermittlung des Hermes zur Rettung seines Lieblings (s. jedoch u. p. 7). Endlich verfällt Dionysos p. 285,16 ff. in Raserei und wird von dieser »Krankheit« durch die Göttermutter erlöst. Auch unserem Helden haftet p. 297,20 eine »Krankheit« an, von welcher ihn Helios heilen soll, und p. 298,11 wird er nur durch einen heilsamen Schlaf, den ihm dieser Gott und Pronoia Athena senden, von dem wahnsinnigen Entschlusse, sich in den Tartaros zu stürzen, abgebracht.

Wie steht es nun aber mit der Scenerie und dem Typus in der julianischen Allegorie? Das prodikeische Bild ist hier thatsächlich mit einem andern vertauscht, und zwar, wie im folgenden gezeigt werden soll, mit demjenigen, welches Dion Chrysostomos in seiner ersten Rede »über die Königsherrschaft« p. 13,11 ff. als Hintergrund für seinen Herakles am Scheideweg gewählt hat. Hierin folgte er aber erwiesenermassen[2]) dem Antisthenes, wobei er zugleich auch den antisthenischen Charakter in seine Erzählung mit herübernahm. Zwischen dieser und unserem Mythos finden sich nun, wenn wir von Dion ausgehen, folgende Aehnlichkeiten:

Der Rhetor will zeigen, wie der junge Herakles auf Veranlassung der Götter zum Herrscher erzogen wird, und beginnt p. 13,11 ff. mit der Angabe, der Heros sei der Sohn des Zeus[3]); Julians Held hat nach p. 299 20 diesen ebenfalls zum Vater. Bei Dion p. 14,7 ff. sorgt Zeus väterlich für die Heranbildung seines Sprösslings. Dieselbe Fürsorge lässt er bei

---
[1]) Wir verweisen im folgenden stets auf die Hertlein'schen Seiten- und Zeilenzahlen; das Auffinden der citierten Stellen in der deutschen Uebersetzung sollen die derselben beigefügten Zahlen erleichtern. [2]) S. Weber a. a. O. p. 172; 237 ff.; 239 ff. An letztgenannter Stelle vermutet Weber richtig, Julian habe bei der oben p. 5 angeführten Vorschrift an die dionëische Darstellung des Heraklesmythos gedacht. Der unmittelbare Zusammenhang des julianischen Mustermythos mit dem Rhetor ist ihm jedoch entgangen. [3]) Dies wird von Dion auch in der zweiten (p. 38,12) und vierten (p. 69,16 ff.) Rede »über die Königsherrschaft« ausgeführt.

dem Kaiser p. 296,11 ff. seinem Schützlinge angedeihen Dion p. 14,15 ff. zufolge erkennt der Göttervater die gute Natur des Herakles und pflanzt ihm edle Keime ein: Bei Julian p. 297,26 ff. nimmt Helios den guten Kern des von Zeus behüteten Jünglings wahr und erzieht ihn auf Befehl des höchsten Gottes. Auch die einfache Ausrüstung des julianischen Helden ist bei Dion p. 13,22 ff. schon teilweise (s. o. p. 6) vorgebildet, der den Herakles nackt darstellt und ihn nur mit Löwenfell und Keule ausstattet. In der dioneischen Erzählung sendet Zeus p. 14,20 ff. dem jungen Herakles den Hermes zu: Die gleiche Gnade widerfährt dem Jünglinge in der kaiserlichen Allegorie p. 298,19. Der Götterbote führt den Heros bei Dion p. 14.23 ff. zunächst auf einem hässlichen, unsichern und für Menschen ungangbaren Pfade an steilen Abhangen vorbei auf eine hohe, weithin sichtbare Kuppe (p. 14,24) und von da p. 15,2 ff. auf einem sicheren, breiten Wege p. 15,10 (14.31) zu einer sehr hohen, dem König Zeus geheiligten Spitze (p. 14,31; vgl. p. 15,15;) im reinen Aether (p. 15,12 ff.): Auch Julian lässt p. 298,29 ff. seinen Helden an der Hand des Hermes zuerst einen krummen, abschüssigen, für niemand passierbaren und dann p. 298,22 (299,5 ff.) einen glatteren, ebeneren Weg einschlagen, der zu einem grossen und hohen, von Glanz umgebenen (p. 299,25; 300,22) Berge, dem Sitze des Vaters der Götter (p. 299,9 ff.), führt, worauf er an diesen die Bitte richtet, er möge ihm zeigen, wie er hinauf gelangen könne. Bei dem Rhetor p. 15,32 ist die Zeushöhe mit Früchten aller Art geschmückt: Derselben Zierde erfreut sich der dahinfuhrende Weg bei dem Kaiser p. 299,6. Bei jenem p. 16,8 ff. thront auf der Höhe, strahlend wie das Licht des Helios (p. 15,27 ff.), Basileia, die Tochter des Zeus (p. 16,9), und an ihrer Seite Dike (p. 16,14): Bei diesem zeigt der Göttervater p. 299,26 ff. dem Jünglinge auf der Zeushöhe seinen in seinem Namen über die Weltherrschaft verfügenden (p. 301,15 ff.) Sohn (p. 296,14) Helios, dem ebenfalls die Zeustochter Dike (p. 297,4 ff.) beigesellt ist. Wie Herakles p. 16,6 von frommer Scheu vor Basileia erfüllt wird, so befällt beim Anblicke des Helios p. 299,27 auch den Helden Julians ein heiliger Schrecken. Schaut jener p. 16,7 zu Basileia auf wie zu einer Mutter, so darf dieser seinerseits p. 297,17 ff. den Helios Vater nennen. Dion lässt p. 16,26 ff. den Herakles unter der Führung des Hermes zu einem Orte gelangen, von wo aus man auf eine andere, viel tiefer im Nebel und Dunkel gelegene Spitze, auf die nach Typhon benannte Höhe der Tyrannis[1]) hinabschauen kann (p. 15,13 ff.): Dem entspricht es, wenn Julians Jüngling von dem ihm auf der Zeushöhe in der Ekstase erschienenen Helios (p. 299,25 ff.) auf eine lichtumflossene Worte geführt wird, von wo er in eine Region des dichten Nebels auf die schlechte Verwaltung seines Familienbesitzes hinuntersieht (p. 300,21 ff.). Entscheidet sich Herakles bei Dion p. 18,18 ff. unter Verwünschung der Tyrannis für Basileia, so bittet der Schützling des Zeus bei dem Kaiser p. 301,17 ff. angesichts der tief unter ihm auftauchenden Bilder, oben im Bereiche des Lichtes bleiben zu dürfen. Verleiht endlich Zeus bei dem Rhetor p. 18,24 (vgl. p. 13,17 ff.) dem Herakles, als er seine Entscheidung von Hermes erfahren, die Weltherrschaft, so stellt auch bei Julian p. 303,19 ff. (vgl. p. 301,15 ff.) Helios seinem Schutzbefohlenen im Auftrage des höchsten Gottes die Herrschaft über alles, was er unter sich erblickt, in Aussicht.

---

[1]) Der Gegensatz der Basileia und Tyrannis spielt nicht nur in der bereits oben p. 6 genannten zweiten (p. 35,22 ff.) und vierten (p. 72,7), sondern auch in der dritten (p. 46,19 ff.; 61,3 ff.) Rede Dions »über die Königsherrschaft« eine Rolle. Die zweiundsechzigste führt sogar den Titel »Ueber die Königsherrschaft und die Tyrannis«.

Schon diese Gegenüberstellung würde zu dem Beweise genügen, dass der Kaiser in seinem Mustermythos Dion nachgeahmt hat. Es sind aber der Beziehungen noch weit mehr: Der Stammvater der Familie des julianischen Helden wird p. 294,25 ff. als der reiche Eigentümer vieler Herden und als Gebieter über viele Hirten dargestellt, dessen Besitztum durch die schlechte Wirtschaft seines Erben und der diesem unterstellten Hirten zu Grunde geht (p. 301,2 ff.; 302,24 ff.). Wir haben also in dieser Allegorie den aus Homer und Platon bekannten **Vergleich des Herrschers mit dem Hirten in ausgeführter** Form vor uns. Aber eben dieses Bild kehrt auch bei Dion wieder: In dem der Heraklessage vorhergehenden, allgemeinen Teil seiner ersten Rede lobt nämlich der Rhetor p. 3,14 ff. den Homer, dass er nur den einen rechten König nenne, »der nach Kräften auf sich und seine Unterthanen achte und in Wahrheit ein Hüter und Hirte der Völker sei[1]), der nicht schmause und schwelge, sondern es nicht einmal für erlaubt halte, die ganze Nacht hindurch zu schlafen, da er keine Musse habe, sorglos zu sein«. Weiterhin führt er p. 4,20 ff. aus, dass ein gutgearteter König »für die Menschen sorge, wie ein Hirte für seine Herde«, und endlich zeigt er p. 7,1 ff., dass ein König, der sich nicht genügend um seine Beamten kümmere, ein ähnliches Schicksal zu gewärtigen habe, »wie ein Hirte, der seine Hunde nicht kenne und ihnen weder zu fressen gebe, noch mit ihnen auf der Hut zusammen wache. Ein solcher ermutige nämlich nicht nur die wilden Tiere, sondern auch die Hunde, die Herde nicht zu schonen«. Auch diese einzelnen Züge des Hirtenbildes begegnen uns bei Julian wieder, und zwar in dem Zwiegespräch, das er p. 301,2 ff. auf der Warte des Zeushöhe den Helios mit seinem Pflegebefohlenen führen lässt: „Siehst du deinen Vetter, den Erben?" „Ich sehe ihn". „Erblickst du aber auch die Rinderhirten da und die Schafhirten?" „Auch diese." „Was für ein Mensch scheint dir nun der Erbe zu sein? Und was für Leute die Schafhirten und die Rinderhirten?" „Der Mann schläft, glaube ich, die meiste Zeit (vgl. p. 302,9 ff.) und lässt sich's in seinem Schlupfwinkel insgeheim wohl sein, bei den Schafhirten aber sind die ordentlichen in der Minderzahl, während die grosse Mehrheit schlecht und vertiert ist. Denn sie verzehren und verkaufen die Schafe und schädigen so zwiefach ihren Herrn. Seine Herden nämlich richten sie zu Grunde, und wenn sie von vielen nur noch wenige abliefern, sagen sie, sie erhielten keinen Lohn und jammern. Und es wäre doch besser, sie verlangten ihren Lohn vollständig, als die Herde zu Grunde zu richten (vgl. p. 302,1 ff.)".

Hiemit ist aber die Uebereinstimmung des Kaisers mit dem Rhetor noch keineswegs erschöpft: Die ganze Schilderung des schlechten wie des guten Herrschers in dem julianischen Mythos ist Dion entlehnt. Wir beginnen mit der Kehrseite, wie sie bei diesem durch die Tyrannis[2]) nebst ihrer Umgebung, bei jenem durch den Erben und die unter ihm herrschenden Zustände dargestellt wird. Wer der Tyrannis huldigt, wird nach Dion p. 16,30

---
[1]) Dieses Bild findet sich auch in Dions zweiter (p. 20,20), dritter (p. 46,13 ff.) und vierter (p. 72,1 ff. Rede) »über die Königsherrschaft«. — In dieselbe Sphäre gehört auch der von Dion or. 2 p. 35,5 ff. weit ausgesponnene Vergleich des guten Königs mit dem Stier (Iliad. 2, 480 ff.), den Julian or. 6 p. 259,21 ff. auf den kynischen Philosophen anwendet. Vgl. Epiktet. Diatr. I 2,30 III 1,22; 22,6 IV 8,42; M. Antonin. 11,18; Cicero de fin. 3,20. — Sollte vielleicht auch das Witzwort, mit welchem die Antiochener den Kaiser ärgerten: »Deine Münze hat einen Stier und kehrt die Welt um« (s. »A. Greg.« p. 336), von dem Zusammenhang mit dem Mithraskult abgesehen, mit diesem Bilde in Beziehung stehen? [2]) Ein ausgeführteres Bild von der Tyrannis entwirft Diogenes in der fünften Rede Dions, in dem »libyschen Mythos«.

zum Morde verleitet und ist erfüllt mit Unverstand (p. 17,1). Auch der verdorbene Erbe bei Julian und seine Brüder schrecken (p. 295,25 ff.) nicht vor dem Morde zurück und begehen aus Unverstand die grössten Greuel. Die Tyrannis ist der Schwelgerei ergeben (p. 17,21), furchtsam, argwöhnisch (p. 17,28) und heuchlerisch (p. 17,12 ff.) Dem entsprechend frönt der Erbe der Wollust (p. 301,8), ist voll Menschenfurcht (p. 302,17 ff.), ermangelt der Treue gegen seine Freunde (p. 302,25) und spricht anders, als er denkt (p. 302,23). Der Thron der Tyrannis sticht lediglich durch seine reiche Pracht hervor (p. 17,13 ff.) und steht (p. 17,17 ff.) auf einer unsichern Grundlage, da sie lediglich bestrebt ist, ihren Besitz in schimpflicher Weise zu erhalten (p. 17,30 ff.). Ebenso ist auch bei dem Erben für den Bestand des Besitzes, der sich bloss durch seine Ausdehnung auszeichnet, nicht hinreichend Vorsorge getroffen (p. 295,9 ff. 18), da der Begründer desselben und dessen Söhne um jeden Preis reich werden wollten (p. 295,5. 21 ff.). Herrscht in der Umgebung der Tyrannis p. 17,19 ff. keine Ordnung, wie dies ihre vielen Scepter und Diademe bezeugen, und umstehen sie vielmehr (p. 18,12 ff.) Omotes, Hybris und Stasis[1]), so wird auch bei dem Erben (p. 295.19 ff; 296,2) durch die anfängliche Vielherrschaft und Zwietracht alles in Unordnung gebracht (p. 295,25 ff.; 296,11 ff; 295,9 ff.) Wenn wir endlich als schlimmste Gefährtin bei der Tyrannis p. 18,13 ff. die Schmeichelei antreffen, so ist auch der Erbe (p. 302,3 ff.), von Schmeichlern umgeben. Er hat auch keine Freude an den Guten (p. 302,2) und wird von niemand geliebt (p. 302,4 ff.), lauter Eigenschaften, die auch seinem Gegenbilde bei Dion eignen (p. 17,25. 27 ff.).

Das Ideal eines Herrschers wird in der Allegorie des Rhetors durch die Gestalt der Basileia verkörpert, nachdem es in dem vorausgehenden Teile der Rede eingehend geschildert worden ist. Bei dem Kaiser wird es durch die Lehren veranschaulicht, die der Held des Mythos von den Göttern, besonders von Helios erhält. Ihren übereinstimmenden Ausführungen zufolge ist der gute König zwar für alle seine Unterthanen besorgt (J. p. 302,25; 303,9; D. p. 4,19), Freude und Freunde hat er aber nur an den Besten (J. p. 302,1 ff.; D. p. 4,20; 15,25 ff.), wofür er auch von diesen wieder geliebt wird (J. p. 302,5; D. p. 8,1 ff.; 6,11 ff.). Er kann sie auch wohl von den Schlechten und Schmeichlern unterscheiden (J. p. 302,6 ff. 10 ff.; D. p. 8,3 ff.). Diesen flösst er Schrecken ein (J. p. 303,25 ff.; D. p. 6,7 ff.; 15,25 ff.), während er jene mit Achtung für sich erfüllt und sich ihnen gegenüber frei, offen und ehrlich zeigt (J. p. 303,7 ff; 302,20 ff.; D. p. 5,23 ff.; 6,16 ff.). Er weiss sich selbst und andere zu beherrschen (J. p. 303,10 ff.; D. p. 5,14 ff.; 3.30 ff.) und ist ein Muster von Frömmigkeit (J. p. 302,15 ff.; D. p. 4,12 ff.), indem er darnach trachtet, den Göttern gleich zu werden (J. p. 302,26 ff.; D. p. 8,23 ff.). Dafür eröffnen sich ihm aber auch die schönsten Aussichten auf dereinstige Belohnungen durch ein besseres Los (J. p. 303,3 ff.; D. p. 10,14 ff.).

Diese Zurückführung des julianischen Mustermythos auf Dion erfährt eine indirekte Bestätigung durch die schon oben (p. 6) erwähnte kurze *Skizze der Heraklessage*, welche demselben in der siebenten Rede p. 283,23 ff. vorausgeht. Denn es ist mit einleuchtenden Gründen gezeigt worden[2]), dass diesem Abrisse ebensowie der dioneischen Darstellung des Heraklesmythos der antisthenische Charakter aufgeprägt ist. Er enthält lediglich die Grundidee der Ausführung des Rhetors und stimmt in einigen wesentlichen Einzelheiten mit dieser überein:

---

[1]) Andere Dämonen, die den Tyrannen in ihrer Gewalt haben, allegorisiert Dion or. 4 p. 78,21 ff.: Es sind die Genusssucht, die Habgier und die Ruhmsucht. [2]) S. Weber a. a. O. p. 247 ff.; 238,1.

So in der Angabe, Herakles habe im Verkehre mit guten Menschen eine vorzügliche Ausbildung genossen (J. p. 284,7 ff.; D. p. 13,20; 14,9), er sei in den Krieg gezogen und habe die ganze Welt überwunden (J. p. 284,8 ff.; D. p. 13,14 ff), er habe sich körperlich angestrengt (J. p. 284,9; D. p. 14,15 ff.), und es sei ihm nichts unmöglich gewesen (J. p. 284,18 ff.; D. p. 14,6 ff.). Nun lässt sich aber auch zwischen dem Mustermythos und dieser Skizze ein unmittelbarer Zusammenhang[1]) nachweisen: An beiden Orten (p. 284,5 ff. und p. 297,14; 298,2. 6) tritt der Held zuerst als »Knäblein« auf. Hier wird p. 284,3 ganz allgemein seine übermenschliche Natur betont, welche auf der »schaffenden und thätigen Kraft des unbefleckten und reinen Geistes (p. 284,21 ff.)« beruht. Denn die Seele des Herakles ist, (wie es auch in der fünften julianischen Rede »auf die Mutter der Götter« p. 216,8 ff. heisst) »unbefleckt und rein von dem Weltschöpfer ausgesendet worden und wieder ganz zu dem Vater zurückgekehrt«. Wenn man es dort p. 297,17 ff. mit einem Sprossen des Helios zu thun hat, der einen »göttlichen Funken« von diesem (p. 297,26 ff.) in sich bewahrt, so kann man diese Ausstrahlung des Sonnengottes getrost in der Seele des Herakles wieder erkennen. In beiden Darstellungen (p. 284,23 ff. und p. 298,5 ff. 12 ff.) wird dem Lieblinge der Götter von Zeus die »vollkommen aus ihm gezeugte« bezw. »mutterlose« Pronoia Athena als Hüterin bestellt; hier wie dort (p. 284,15 und p. 298,15) kommt er auf seinem Lebenswege u. a. auch in die »Einsamkeit« und ist erhaben über die »Not des Lebens« (p. 284,13 ff. und p. 303,15). Er überwindet alles auf der ganzen Welt (p. 284,8 ff. und p. 303,21 ff.) und wird, nachdem er in körperlicher Dienstarbeit (p. 284,9 [vgl. or. 5 p. 216,12 ff.] und p. 304,1 ff.) sein Leben zugebracht, zu Zeus entrückt (p. 284,25 [vgl. or. 5 p. 216,13 ff.] und p. 304,6). In dem Abriss geschieht dies p. 284,26, indem der Göttervater durch das Feuer des Blitzes unter dem göttlichen Zeichen des ätherischen Lichtstrahls seinen Sohn zu sich beruft, während in dem Mustermythos die Vergöttlichung des Helden durch den ihm von Zeus gezeigten Gott Helios (p. 299,26 ff.) d. h. durch die Personification jenes Feuerzeichens angebahnt wird.

Ist somit gezeigt worden, dass der julianische Abriss der Heraklessage als eine von aller Scenerie losgelöste — allerdings neuplatonisch verbrämte (s. p. 281,18 ff.; 288,3 ff.; s. u p. 18) — Inhaltsangabe sowohl der dioneischen Allegorie, als des kaiserlichen Mustermythos angesehen werden kann, so wird dadurch auch die Abhängigkeit dieses letzteren von dem Rhetor indirekt bestätigt[2]).

---

[1]) Der Mustermythos enthält auch sonst noch manche Einzelheiten, die in dem ihm vorausgehenden Teile der siebenten Rede schon angedeutet sind: So ist z. B. die Scene p. 301,21 ff., wo der Held von der Warte der Zeushöhe auf das schlechte Thun und Treiben unter ihm hinabschaut, mit dem Bild des Kynikers p. 291,5 ff. zu vergleichen, der »hoch herab von des Olympos Höhen auf die andern herniedersieht, welche sich auf der Wiese der Ate im Dunkel herumtreiben«. [2]) Hiemit erledigt sich auch die Auffassung Schultze's als eine irrige, der in seinem Buche »Geschichte des Untergangs des griechisch-römischen Heidentums«. 1. Jena 1887 p. 126 betreffs des Mustermythos sagt: »Es scheinen hier alttestamentliche Geschichten aus der christlichen Jugenderziehung Julians nachzuklingen, die Rettung Mosis und sein geheimnisvoller Umgang mit Gott, oder die Berufung Davids zum König von Israel wider Saul und sein entartetes Haus«. Hiezu hatte schon Largajolli, »Nuovi studi intorno a Giuliano imperatore« (Rivista di filologia 17. 1889) p. 317 passend bemerkt: »Forse il solo suo esaltamento religioso di sofista coronato basterebbe, credo, a spiegarci il fatto«. Im allgemeinen ist Wyttenbach's Urteil richtig, der »Animadv.« 2 2. O. p. 197 sagt: »nullum vestigium in Juliani scriptis exstat, quo appareat, eum oratorium colorem e sacris Christianorum vel Judaeorum libris duxisse; contra etiam, dedita opera illud fugisse videtur«.

Ehe wir uns nach weiteren Beweisen für dieses Abhängigkeitsverhältnis umsehen, sei hier noch kurz bemerkt, dass der dem Mustermythos vorausgehende Teil der *siebenten Rede Julians* noch manche Stellen enthält, die an Dion erinnern. So sagt der Kaiser in der von ihm p. 265,23 sogenannten »Genealogie des Mythos[1]« p. 266,11 ff., derselbe sei eine Erfindung von Hirten, wozu auch die bukolische Einkleidung des Mustermythos vortrefflich passt. Dies klingt insofern an den Rhetor an, als dieser or. 1 p. 11,13 behauptet, er verdanke seine Heraklessage einer Hirtenfrau (vgl. p. 12,10 ff.), welche ihn (p. 13,3 ff.) ermahnt habe, er solle sie nur ungescheut vortragen, da sie eine göttliche Dichtung sei, wie ja auch schon »ein anderer Hirte auf einem Berge Boeotiens seine Poesien von den Musen selbst empfangen habe«. Nicht minder scheint es eine Anlehnung an Dion zu sein, wenn Julian p. 265,6 es dem gottlosen Vortrag des Herakleios gegenüber für seine Pflicht erklärt, »sein Ohr rein zu bewahren«, da bei dem Rhetor or. 2 p. 32,5 ff. sich eine längere Ausführung findet, worin ganz dasselbe von dem wahren Herrscher verlangt wird. Wir werden auf diesen Passus später noch einmal zurückkommen. Schliesslich dürfte eine Entlehnung aus Dion auch in dem lückenhaft überlieferten Gedanken zu erblicken sein (p. 267,9 ff.), dass die von der Gottheit geistig noch nicht befreiten Menschen der »Meinung« statt dem Wissen anhängen und mit ihr die Mythen, »diese in der Luft schwebenden und monströsen Schattenbilder des wahren Wissens, erzeugen, worin sie dem [Ixion] gleichen, welcher der Sage zufolge anstatt bei der Göttin, bei [einer Wolke] ruhte«. Denn in der vierten Rede des Rhetors[2] wird p. 88,18 (vgl. p. 87,2 ff.) der Ruhmsüchtige, weil er an der »Meinung« der andern hängt, ebenfalls mit Ixion verglichen, der mit der Wolke die Kentauren erzeugte[3].

Aber auch die Deutung des Mustermythos[4] bestätigt unsere bisherigen Ausführungen, indem wir durch sie mit zwingender Gewalt ebenfalls zu Dion zurückgeführt werden:

---

[1] Vergl. betreffs dieser Frage auch Jul. or. 5 p. 220,11 ff. mit Dion or. 5 p. 90,13 ff.; 91,2 ff. [2] Ueber das von Hertlein (z. Jul. or. or. 7 p. 275,16 ff.) und Weber a. a. O. p. 98,2 unbedenklich, von Prächter a. a. O. p. 43 mit Vorbehalt auf Dions vierte Rede (p. 65,27 ff.) bezogene Dioncitat in Julians siebenter Rede p. 275,16 ff. s. u. p. 23,5. [3] Schon Wyttenbach, »Epist. crit.« a. a. O. p. 240 vergleicht die beiden Stellen miteinander. [4] Wir beschränken uns im folgenden auf den historisch-politischen Inhalt der julianischen Allegorie, indem wir es einer anderen Gelegenheit vorbehalten, die philosophisch-theologische Seite derselben zu beleuchten. Denn von der bisherigen Forschung ist der Mustermythos auffallender Weise in dieser Hinsicht so gut wie gar nicht ausgenützt worden, nicht einmal von Rode in seiner vortrefflichen »Geschichte der Reaction Kaiser Julians etc.« Jena 1877 (vgl. p. 7 ff.). Das Hauptinteresse bei einer solchen Untersuchung wird sich — soviel sei schon jetzt bemerkt — dem religiös-polemischen Charakter des Mythos zuwenden müssen: Sie wird zu zeigen haben, wie bei dem letzten überzeugten Vertreter des »göttlichen« Caesareums das objektive Anrecht auf die Apotheose sich zu der subjektiven Ueberzeugung von der »göttlichen« Mission des Herrschers (vgl. u. a. Neander a. a. O. p. 67; Scheler, »De Juliani Apostatae ea vitae parte, quae praecessit imperium« Diss. Erlang. 1839 p. 33 ff.; Strauss, »Der Romantiker auf dem Throne der Caesaren« Mannheim 1847 p. 41; Krainz, »Flavius Claudius Julianus als Caesar« Progr. Triest 1875 p. 2; Kellerbauer, »Kaiser Julians Regierung« Progr. Kempten 1876 p. 10 Anm.; Hasenclever, »Die letzte Reaktion der antiken Welt unter Julian dem Abtrünnigen« in »Aus Geschichte und Kunst des Christentums« I Braunschweig 1890 p. 40; Bartenstein a. a. O. p. 45) umbildete, wie sich bei dem kaiserlichen Pontifex Maximus Kynismus und Neuplatonismus vereinigten, um aus dem fruchtbaren Boden dieser Ueberzeugung im Streit mit dem »götterlosen« Christentum einen ganz eigenartigen Weltheiland- und Erlöser-Begriff hervorwachsen zu lassen (s. Mustermythos p. 297,20; 303,3 ff.), den er dann in seiner eigenen Herrscherpersönlichkeit zu verkörpern und zu bethätigen suchte. Vgl. »A. Enc.«; o. p. 10,1; u. p. 23; 28,4; 31 ff. Es wird auch mit aller Vorsicht zu prüfen sein, ob und wie weit sich der gekrönte Theologe bei der Ausmalung seines Selbstportraits als Herrscher »von

Mit dem reichen Herdenbesitzer ist Konstantinus, mit den verderbten Nachkommen seine Söhne, mit dem Erben Konstantius und mit dem missachteten Verwandten Julian selbst gemeint[1]). Wir haben somit in dem Mythos eine historisch-politische Satire vor uns, in welcher gezeigt werden soll, wie der Kaiser Julian als ein zweiter Herakles[2]) durch die Gnade der Götter zum Herrscher erzogen wird und es als solcher für seine göttliche Mission hält, die Herrschaft über die Welt aus einer den Göttern entfremdeten (vgl. or. 5 p. 232,26 ff.) zu einer ihnen wohlgefälligen Idealherrschaft umzugestalten[3]). Der Basileia bei Dion sind mithin die Züge zu dem Bilde des julianischen Herrscherideals entnommen, während zu der Schilderung der schlechten Herrschaft seiner Vorgänger, speciell des Konstantius, die Tyrannis das Muster abgegeben hat.

Nun besitzen wir aber von Julian aus der Zeit, als er noch Caesar war, noch eine Rede »über die Thaten des Kaisers oder über die Königsherrschaft[4])« (or. 2), den *zweiten Panegyrikos* auf Konstantius, worin dieser in überschwänglicher Weise verherrlicht wird. Hier heisst es p. 111,8 ff. in einer allgemeinen Abhandlung über die Eigenschaften des wahren Königs[5]): »Als Freund der Bürger und der Soldaten sorgt er für jene, wie ein Hirte für seine Herden, indem er darauf bedacht ist, dass sein Vieh im ungestörten Vollgenusse reichlichen Futters gedeiht und kräftig wird; diese aber überwacht er und hält sie zusammen, indem er sie in Tapferkeit, Stärke und Sanftmut übt, wie gute und edle Hunde als Wächter der Herde. Denn er erblickt in ihnen die Mitarbeiter bei seinen Thaten und die Helfer für das Wohl des Volkes, nicht aber eine Rotte von Räubern und Verderbern der Herden wie die Wölfe und die schlechtesten unter den Hunden, welche,

---

der Götter Gnaden« in polemisch-propagandistischer Absicht mit der christlichen Dogmatik, besonders mit der Christologie, berührt. Vgl. u. p. 28,4; van Herwerden, »De Juliano imperatore religionis Christianae hoste etc.« Lugd. Bat. 1827 p. 127 ff.; Neander a. a. O. p. 67; Strauss a. a. O. p. 25 ff.; 63,28. Hiebei werden namentlich die mythologischen Gestalten des Herakles, Dionysos (s. u. p. 25 ff.) und Asklepios und ihre theologische Verwertung bei Julian zu beachten sein, und es wird sich herausstellen, warum gerade diese bei den Kirchenvätern in der Kritik der hellenischen Mythen eine so hervorragende Rolle spielen. Ueber Herakles vgl. »A. Greg.« p. 329 ff.; über Asklepios »A. Theod.« p. 131 ff. und Lösche, Zeitschrift für wissensch. Theol. 27 (1884).

[1]) Bezüglich der Zustände nach dem Tode Konstantins ist es besonders interessant, Julians »Brief an den Rat und das Volk der Athener« mit dem Mustermythos zu vergleichen: vgl. Musterm. 295,25 ff. mit epist. ad Ath. p. 348,29 ff. 351,17 ff. 362,7 ff. [2]) Prudentius 5,456 ff. sagt von dem Kaiser: »Er warf sich vor Herkules in den Staub«. Vgl. Bartenstein a. a. O. p. 9 ff. — Vielleicht denkt Gregorios Naz. inv. 1 in Jul. col. 657 C ff. (T. 35 bei Migne) in seiner Polemik gegen die hellenischen Mythen an den Mustermythos, wenn er Julian zuruft: »Und du wirst eitle Reden führen und dein Missgeschick und deine Visionen allegorisch darstellen«. — Es mag hier erwähnt werden, dass Julian in seiner »Lobrede auf die Kaiserin Eusebia (3)« p. 136,23 ff. beim Lob des Vaterlandes der Gefeierten die Besiedelung Makedoniens durch die Herakliden betont und die Abstammung des Alexander von diesen hervorhebt (p. 137,18 ff.), ein genealogischer Versuch, der auch von Dion a. 2 p. 38,11 ff.; or. 4 p. 76,30 ff.; 77,11 ff. gemacht wird. S. u. p. 22 ff. [3]) »Diese Ueberzeugung von seiner ‚höheren Mission' hat Julian nie mehr verlassen . . . und ist als das Hauptmotiv seines religiösen Reformversuches anzusehen« bemerkt treffend Kellerbauer a. a. O. p. 10 Anm. unter Hinweis auf den Mustermythos. [4]) So ist der Titel wiederzugeben und nicht: »auf Konstantius und Basileia«, wie Christ[2], »Geschichte der griechischen Litteratur« p. 676 dies thut; denn von einer Personifikation des Begriffs der Königsherrschaft ist bei Julian keine Rede. — Wenn Mücke, »Flavius Claudius Julianus« II Gotha 1868 p. 160 ff. und Bartenstein a. a. O. p. 19 behaupten, die zweite Rede sei im wesentlichen nur eine Umarbeitung und weitere Ausführung der ersten, so ist dies schon deswegen unrichtig, weil sich in dieser eine unmittelbare Benützung Dions nicht nachweisen lässt. [5]) Vgl. u. p. 14.

ihrer Natur und ihrer naturgemässen Nahrung vergessend, auf einmal, anstatt Retter und Verteidiger zu sein, zu Verderbern werden«. Weiterhin sagt Julian p. 113,2 ff. von der Fürsorge des Königs für die Soldaten: »Er muss aber auch nicht minder darauf achten, dass sie ihren Lebensunterhalt bekommen und nicht an dem Nötigen Mangel leiden. Denn oft werden die treusten Wächter und Hüter der Herden durch Not zur Wildheit gezwungen, gegen die Hirten und bellen sie an, wenn sie sie nur von weitem erblicken, und schonen nicht einmal die Herden«. Wir begegnen also hier demselben Vergleich des Herrschers mit dem Hirten, der in dem Mustermythos durchgeführt wird und, wie wir gezeigt haben (s. o. p. 8), in seinen auch hier wiederkehrenden Einzelheiten auf Dion zurückgeht. Unzweifelhaft sind demnach auch diese Stellen der zweiten Rede Julians mit der ersten dioneischen (p. 4,20 ff.; 7,2 ff.) in Zusammenhang zu bringen[1]). Denn diese ist ja gleichfalls eine Lobrede auf einen Fürsten (s. p. 2,25 ff.; 8,20 ff.), für welchen auch die in ihr enthaltene Herakles-Allegorie bestimmt ist (s. p. 12,23 ff.; 13,8 ff.), und beide Declamationen behandeln ganz dasselbe Thema »von der Königsherrschaft« (s. u. p. 23).

Der Kaiser verrät p. 71,20 ff. sogar selbst seine Quelle wider Willen, wenn er von dem »Tyrannen« (s. p. 73,17; 74,1. 5; 78,20; 79,16 ff.; 95,10; 123,5; vgl. or. 1 p. 32,8 ff.; 37,14; 38,16; 43,8; 60,7) Magnentius sagt: »Er ging aber selbst voran, nicht wie Typhon[2]), welchen der dichterischen Wundererzählung zufolge die Erde aus Groll gegen Zeus gebar, auch nicht wie der gewaltigste von den Giganten — or. 1 p. 35,5 ff. wird Magnentius mit den Aloaden verglichen — sondern so, wie der in Mythen weise Prodikos die Schlechtigkeit darstellt, wie sie mit der Tugend streitet und den Sohn des Zeus überzeugen will, dass er sie vor allem am meisten hochschätzen müsse«. Denn wenn hier die Sagen von Typhon und Herakles am Scheidewege mit einander in eine so enge, wenn auch gegensätzliche, Beziehung gesetzt werden, so erinnert man sich, dass dies gerade auf die dioneische Darstellung des prodikeischen Heraklesmythos zutrifft, wo p. 14,32 ff. die Tyrannis als Stellvertreterin des Lasters auf der nach Typhon benannten Höhe thront, wogegen Basileia an Stelle der Tugend auf der Zeushöhe ihren Sitz aufgeschlagen hat. Der Kaiser scheint daher hier gerade durch den Rhetor an die Typhonsage erinnert worden zu sein; er lässt es jedoch bei dieser blossen Erinnerung bewenden, da ihm wahrscheinlich die Gestalt des Typhon für seinen »Tyrannen« zu imponierend vorkam. So citiert er denn die Originalform des prodikeischen Heraklesmythos, verwendet ihn aber, offenbar durch die bei Dion vorliegende antisthenische Umformung veranlasst, dem Zweck seiner Rede entsprechend in einem rein politischen Sinne. Die Abweisung des Vergleichs mit Typhon fällt hiebei umsoweniger ins Gewicht, als der Sohn der Erde bei dem Rhetor, abgesehen von der Belegung der Tyrannishöhe mit seinem Namen, überhaupt keine Rolle spielt. Nicht weniger lässt Julian seine Quelle durchblicken, wenn er p. 109,18 von der »Tyrannis« als dem grössten und gefährlichsten unter den Dämonen spricht und sie das höchste Ziel derjenigen nennt, welche Sklaven ihrer Begierden und desshalb zum wahren Herrscherberufe untauglich

---

[1]) Da Prächter diesen Zusammenhang nicht kennt, möchte er a. a. O. p. 49 auf die Uebereinstimmung von Jul. or. 2 p. 111,9 ff. mit Dion or. 1 p. 4,20 ff. »kein grosses Gewicht legen«. [2]) Ueber die Typhonsage vgl. u. a. v. Wilamowitz-Moellendorff, »Euripides Herakles« 2 Berlin 1889 p. 269 ff; 285 ff.; Weber a. a. O. p. 249.

sind. Denn bei Dion wird p. 16,9 Basileia »der glückselige Dämon« und p. 18,20 »eine wirkliche Göttin« genannt, während ihr Widerspiel nichts als tadelnde Epitheta erhält[1]). Schliesslich wird man auch durch die einleitende Bemerkung des Kaisers p. 63,16, Konstantius, auf welchen die in dem Panegyrikos enthaltene ideale Schilderung des »trefflichen, königlichen und hochsinnigen Mannes (s. p 110,8 ff.)« sich bezieht, besitze »die homerische Bildung[2]«, an den Rhetor erinnert, da dieser in dem allgemeinen Teile der ersten Rede p. 4,7 ff. seine Abhandlung »über die Sitten und den Charakter des guten Königs (s. p. 3,9 ff.)«[3]) als eine solche »über den wahren König nach dem Sinne Homers« bezeichnet. Dion wendet hier auch gleich zu Anfang p. 3,25 ff. das homerische Bild vom Völkerhirten an, das, wie wir o. p. 8 gesehen haben, sowohl weiterhin von ihm selbst als auch von Julian in jener allgemeinen Ausführung des zweiten Panegyrikos über den guten Herrscher (s. o. p. 12) und in dem Mustermythos in übereinstimmender Weise gebraucht wird.

Wenn es somit keinem Zweifel unterliegen kann, dass der Kaiser in diesen beiden Schriften von Dion abhängig ist, so bleibt nun nur noch das zwischen Julians Mustermythos, seinem zweiten Panegyrikos und Dions erster Rede obwaltende Verhältnis genauer zu bestimmen: Die dioneische Rede zerfällt, wie schon o. p 8 ff. gesagt, in einen allgemeinen und einen besonderen Teil, welch letzterer durch den Heraklesmythos gebildet wird und lediglich eine allegorische Rekapitulation des ersteren darstellt. Der erste Teil besteht wiederum aus einer kurzen Einleitung und der bereits oben erwähnten ziemlich selbständigen Abhandlung »über die Sitten und den Charakter des guten Königs (p. 3,9 — 8,19)«, an welche sich noch eine Erörterung »über den grössten und ersten König« und die Nachahmung desselben vonseiten der sterblichen Herrscher (p. 8,19 — 11,9) anschliesst. Den beiden letztgenannten Abschnitten entspricht nun in der zweiten Lobrede Julians, wie man, von vielen anderen Uebereinstimmungen[4]) abgesehen, an dem Bilde vom Hirten p. 111,8 ff.; 113,2 ff. sehen kann, die scharf und deutlich abgegrenzte Schilderung des »trefflichen, königlichen und hochsinnigen Mannes (p. 110,8 — 118,18; s. o)«, und diese folgt unmittelbar auf die nicht minder klar hervortretende Darstellung des schlechten Herrschers (p. 101,3 —

---

[1] Hiemit ist jedoch keineswegs ausgeschlossen, dass der Kaiser, der hierin den Kynikern verwandt, ein guter Euripideskenner war (s. auch Weber a. a. O. p. 100; 113,1', a. a. O. nicht zugleich auch gleichzeitig Euripides Phoen. v. 506 vor Augen gehabt haben kann, wo die Tyrannis »die grösste unter den Göttinnen« genannt wird. Vgl. v. Wilamowitz-Moellendorff a. a. O. 1 p. 202 Anm. [2]) Diese wird von Dion auch or. 2 (bes. p. 29,21 ff.; 31,29 ff.; 34,28 ff.; 36,13 ff.) behandelt. Für Julians Ansicht über diesen Punkt vgl. »A. Enc.« S. auch Scheler a. a. O. p. 16. [3]) Eine solche findet sich auch in or. 3 p. 43,9 ff. [4]) Solche weist Prachter a. a. O. p. 49 ff. nach Bei der Zurückführung der sokratischen Auffassung der Glückseligkeit p. 101,2 ff. auf Dions dritte Rede p. 44,3 ff. ist ihm entgangen, dass diese Ausführungen mit ihrer echt kynischen Behandlung des athenischen Philosophen einerseits und des Perserkönigs (vgl. or. 1 p. 34,18 ff.; 53,3 ff.) andrerseits an eine ähnliche Erörterung desselben Themas bei Themistios »über die Tugend« (Rhein. Mus. N. F. 27 p. 451 ff.) erinnern, mit welcher schon Bücheler Dion or 3 p. 38,20 ff. verglichen hat. Vgl. u p. 27 ff — Zum Beweise, dass der Kaiser hier wirklich den Rhetor ausschreibt — auch der Vergleich des Tyrannen mit Poseidon Jul. or. 2 p. 70,10 ff. ist sicher nur eine Ausführung der Parallele zwischen Xerxes und dem Meeresgott bei Dion or. 3 p. 44,16 ff. —, könnte auch noch angeführt werden, dass die Worte Julians or. 2 p. 101,21 ff: »Es schliesst sich aber seinem Urteil die Gemeinde der weisen Männer an« offenbar nur eine Umschreibung von Dion or. 3 p. 46,23 ff sind; »Aehnliches aber haben über das Regieren und die Königsherrschaft seine Nachfolger gesagt, mit möglichst engem Anschlusse an seine weise Meinung (vgl. J. p. 118,18 ff.)«.

110,3) in welcher, wie die oben p. 13 genannte Stelle von der »Tyrannis (p. 109,18 ff.)« beweist, u. a. auch der Mythos bei Dion benutzt ist. Aus diesem wurde aber der die »Tyrannis« behandelnde Teil von dem Kaiser, wie der Vergleich mit Typhon (p. 71,20 ff.; s. o. p. 13) zeigt, auch noch für die Charakteristik des Usurpators Magnentius (p. 70,7 ff.) herangezogen. Man sieht, Julian macht in dem Panegyrikos gerade den entgegengesetzten Gebrauch von Dions Rede wie in dem Mustermythos. Hier wird alles Lob, das dort dem Konstantius als dem Ideale eines Herrschers gespendet wurde, in Tadel verkehrt und von diesem Fürsten mit den Farben Dions das Bild eines »Tyrannen« entworfen, während Julian sich selbst im Lichtglanz der dioneischen Basileia sonnt. Der kaiserliche Mythos steht somit in demselben Verhältnis zu der Lobrede auf Konstantius, wie der dioneische Mythos zu dem allgemeinen Teil der ersten Rede, in welcher er enthalten ist. Auch er stellt bloss die Versinnbildlichung derselben Ansichten über Basileia und Tyrannis dar; nur ist der frühere Vertreter der Basileia, Konstantius, zum Repräsentanten der Tyrannis geworden, so dass Julian das Wesentliche von dem, was er in der zweiten Rede übereinstimmend mit der ersten dioneischen von dieser ausgesagt hatte, in dem Mustermythos zur Charakteristik desselben Konstantius verwendet (Dion p. 16,30 = Panegyrikos p. 70,8 |74,7 ff.| = Mythos p. 295,25 ff.; D. p. 17,1 = P. p. 72,2 [107,22 ff.] = M. p. 295,25; D. p. 17,21 = P. p. 71,17 [p. 108,7 ff.| = M. p. 301,8; D. p. 17,28 = P. p. 78,20 = M. p. 302,17 ff.; D. p. 18,6 = P. p. 70,7 [79,2 ff.] = M. p. 302,25; D. p 17,17. 30 ff. = P. p. 72,3 ff. [101,5; 107.6; 120,2 ff. 108,26 ff.| = M. p. 295,9 ff. 18; 5,21 ff. etc. etc.)[1]).

In dieser bewussten Parodierung des Panegyrikos durch den Mustermythos liegt der beissendste Hohn auf den von Julian bitter gehassten Kaiser Konstantius[2]). Dass der Mustermythos eine politische Satire gegen Konstantius und seinen Nachfolger ist, konnte selbstverständlich keinem von den Zuhörern entgehen, vor welchen Julian seine siebente Rede hielt. Es befanden sich darunter aber auch solche, die dem Kaiser nahe standen und eine gute litterarische Bildung besassen. Zu diesen gehörte in erster Linie sein Freund Sallustius. Er nennt ihn p. 289,6 ausdrücklich unter den Anwesenden, und zwar als eine Autorität, vor welcher es Herakleios am allerwenigsten hätte wagen dürfen, einen schlechten moralischen Mythos vorzutragen. An ihn ist die mythisch-allegorische Rede auf den »König Helios (4)« gerichtet, ihm ist, wie der Titel zeigt, die *Trostrede an sich selbst anlässlich des Weggangs des trefflichen Sallustius (8)«* zugeeignet, und an ihn hatte Julian auch (nach or. 4 p. 204,7) die verlorenen »Kronia[3])« gesandt, die ohne Zweifel viel Mythologisches enthielten. Er war nach der eigenen Angabe des Kaisers (or. 8 p. 326,22 ff.) ein rhetorisch und philosophisch wohl-

---

[1]) Da wir schon oben p. 9 ff. die Uebereinstimmung des Mustermythos mit Dion sowohl bezüglich der Darstellung der Basileia wie der Tyrannis nachgewiesen und die Zahl der von Prächter beigebrachten Belege für die Beziehungen zwischen Julians Panegyrikos und der ersten Rede des Rhetors noch vermehrt haben, so halten wir es für überflüssig, hier noch einmal alle Uebereinstimmungen zwischen den drei Werken im einzelnen zusammenzustellen. [2]) Man vergleiche auch die Stellen des ersten Panegyrikos über die Eintracht des Konstantius und seiner Brüder p. 20,3 ff.; 22,2 ff.; 23,2 ff.; 24,8 ff.; 41,8 ff.; 51,17 mit der Schilderung im Mustermythos. Ueber Julians Beurteilung seines Vorgängers handelt u. a. Hecker, »Zur Geschichte des Kaisers Julianus« Progr. Kreuznach 1886 p. 5 ff. und Bartenstein a. a. O. p. 39 ff. [3]) S. Schwarz, »De Juliani imperatoris vita et scriptis«, Diss. Bonn 1888 p. 19 ff. Vgl. u. p. 28,4.

geschulter Mann, und er gilt nach allgemeiner Annahme[1]) für den Verfasser der Schrift »Ueber die Götter und die Welt«, eines »Manifestes des neuplatonischen Glaubens«, welches in seinem dritten und vierten Kapitel die Mythen in der eingehendsten und mit Julian vielfach auffällig übereinstimmenden Weise[2]) behandelt. Sallustius hatte ein gut Teil der durch Konstantius verursachten gallischen Leidensgeschichte des Caesars mit erlebt, bis ihn der Befehl des Imperators gegen seinen Willen von der Seite des geliebten Freundes trennte (s. or. 8). Bei seinen engen Beziehungen zu diesem[3]) war ihm sicher der zweite Panegyrikos wohlbekannt; bei seiner anerkannten rhetorisch-philosophischen Bildung wusste er wohl auch, dass Dions erste Rede in diesem benützt wurde und die darin vorkommende Heraklesallegorie die Vorlage für den Mustermythos bildete. Besass Sallustius aber, woran wir nicht wohl zweifeln können, eine genaue Einsicht in diese Beziehungen, dann musste gerade ihm die scharfe Spitze, die in Julians Selbstparodierung lag, verständlich sein und ihm einen mit Genugthuung gepaarten ästhetischen Genuss bereiten. Derselbe war sogar noch einer Steigerung fähig, wenn sich der Freund des Kaisers erinnerte, dass ja das Original des Mustermythos von Dion zur Verherrlichung eines Fürsten gedichtet war (s. o. p. 13; u. p. 23), während nun die Kopie zur Brandmarkung eines solchen verwendet wurde. Muss man nicht glauben, dass auch der eitle Verfasser des Mustermythos erst dann eine rechte Freude an diesem seinem Werke empfand, wenn er die darin verborgenen Pointen wenigstens von einem seiner Zuhörer alle und vollständig verstanden wusste?

Dass er dies von Sallustius voraussetzen durfte, ist nach dem oben Gesagten schon an und für sich anzunehmen. Es scheint aber dafür auch noch ein besonderer Umstand zu sprechen, der auf die schon genannte Trostschrift des Kaisers ein ganz eigentümliches Licht wirft. Diese weist nämlich eine auffallende Aehnlichkeit mit der dreizehnten Rede Dions »über die Verbannung« auf. Auch der Rhetor sucht sich hier zu trösten, und zwar über seine Verbannung, die wegen seiner Freundschaft mit einem dem Herrscherhause nahestehenden Manne über ihn verhängt wurde (p. 240,18 ff.). Dieser sei hingerichtet worden, während er selbst der »Tyrannensitte«, ihren Opfern noch weitere ohne jede Ursache zuzugesellen, zum Opfer gefallen sei. Mit dem Tyrannen ist der Kaiser Domitian, mit dem hingerichteten Freunde aller Wahrscheinlichkeit nach dessen Vetter Flavius Sabinus gemeint[4]). Eine derartige Verkettung von Umständen bildet nun aber auch die Veranlassung der julianischen Trostrede. Hier ist der Scheidende Sallustius, der wegen seiner Freundschaft mit dem Caesaren Julian, dem Vetter des Kaisers Konstantius, von Sykophanten (beachte epist. 17; bes. p. 498,1 ff.) am kaiserlichen Hofe so lange verleumdet worden war, bis er aus der Umgebung jenes abberufen wurde (s. p. 313,13 ff.). Man sieht, Julian tritt selbst an die Stelle des hingerichteten Freundes bei Dion, was umso eher passt, als er ja bekanntlich dem Konstantius vor-

---

[1]) S. Rohde, »Der griech. Roman« p. 464,1 nach dem Vorgange von Fabricius (s. Orelli ad Sallust. p. 191 ff.) und Zeller, »Philos. der Gr.« III 2² p. 664 ff. [2]) Vgl. Zeller a. a. O. III 2² p. 683 Anm.; 697,3; Holsten ad Sallust. c. 4 bei Orelli. [3]) Rohde a. a. O. möchte auch epist. 16 »an Maximus« 5, 8 (sic; wohl p. 495,8 ff.) auf Sallustius beziehen. — Der Brief wird jedoch neuerdings von Cumont, »Sur l'authenticité de quelques lettres de Julien« Gand 1889 (Recueil de travaux publiés par la faculté de philosophie et lettres 1ᵉ fasc.) p. 18 ff. für unecht erklärt [4]) S. Emperius, »De exilio Dionis« Braunschw. 1840. Vgl. Breitung, »Das Leben des Dio Chrysostomus« Progr. Gebweiler, 1887 p. 9 ff.; Christ. a. a. O. p. 595,2.

warf, er habe ihn bloss deshalb nach Gallien geschickt, um ihn aus dem Wege zu räumen[1]). Durch diese Anlehnung an den Rhetor wird aber »der gewaltige Kaiser«, wie Julian p. 316,1 mit anscheinender Loyalität seinen Vetter nennt, ebensowie in dem Mustermythos in die Beleuchtung eines »Tyrannen« gerückt. Eine solche Anspielung konnte dem Sallustius nicht wohl entgehen, so dass die Trostschrift wenigstens für ihn die Bedeutung einer versteckten Satire erhielt. Doch die aufgezeigte Uebereinstimmung ist keineswegs eine vereinzelte: Bei Dion (p. 241,16 ff.) und bei Julian (p. 312,7 ff.) kehrt der Gedanke wieder, bei den Wechselfällen des Lebens hänge es vollständig von dem Charakter des Betroffenen ab, ob er sich schwer oder leicht darein finde. Beide Autoren (D. p. 241,17 ff. und J. p. 323,22 ff.) führen auch den Odysseus als Beispiel eines Mannes an, der das Los der Verbannung unmännlich und unrühmlich trage. Wenn demnach die Trostschrift sich an Dions Rede „über die Verbannung" anlehnt, und diese Anlehnung eine bewusste, für den Adressaten verständliche Spitze gegen Konstantius enthält, so hätten wir in ihr die früheste Satire Julians gegen seinen kaiserlichen Vetter zu erblicken. Da der zweite Panegyrikos später anzusetzen ist[2]), so fällt hiedurch auf die Aufrichtigkeit der darin zur Schau getragenen Gesinnung ein grelles Streiflicht, und ein Leser wie Sallustius konnte denselben auf keinen Fall ernst nehmen. Den Eingeweihten mussten die Lobsprüche auf den Kaiser notwendigerweise einen ironischen Eindruck machen: Für sie bedeutete der Mustermythos mit seiner völligen Umkehr des zweiten Panegyrikos keine Ueberraschung, da ja in ihm die mythische Einkleidung dasselbe verbirgt, was sie bereits in der Trostschrift und in der Lobrede unter der gleisnerischen Maske der Loyalität suchen zu dürfen glaubten[3]).

Sollte Julian wie in diesen drei mehr oder minder ausgesprochen satirischen Schriften, etwa auch in seiner politischen Spottschrift »Das Gastmahl oder das Kronosfest«, oder wie man sie gewöhnlich nennt, in den »*Caesares*« Anleihen bei Dion gemacht haben? Die Scenerie und die Handlung sind kurz folgende: Die »Götterversammlung (p. 431,20)« sitzt im hohen Himmel (p. 394,17 ff.) über die Kaiser zu Gericht, welche im Luftraum unter dem Monde (p. 395,2; vgl. p. 422,15 ff.) eine durch »heilige Mauern (p. 402,8 ff.)« von einem »Vorplatz (p. 405,20; 408,15; 422,16)«[4]) geschiedene »Heroenversammlung (p. 405,18)« bilden. Während der Vorplatz im Machtbereich der »Tryphe (p. 422,15 ff.; 431,9; vgl. p. 399,23 ff.: Aphrodite Pandemos; p. 405,10 ff.)«, »Asotia (p. 431,12)«, »Atheotes (p. 431,21 ff.)« und der »Rachegeister (p. 398,16; 431,22)« liegt, untersteht die Heroenversammlung den Göttern und vor allem der »Dike (p. 398,16; 401,20; vgl. 402,15 ff.; 404,22; 405,13, 19; vgl. 408,10)«, insofern diese über die Aufnahme in dieselbe entscheidet und die nicht für würdig Befundenen jenen bösen Daemonen überlässt, von denen sie dann in den

---

[1]) S. Ammian. XV 8,17; Joannes Antioch. bei Mueller, »Fragm. hist. Graec.« IV p. 605 fr. 76. Vgl. Zeidler, »Der Kaiser Julian und seine Reaction« Dresden 1869 p. 19; 47,68; Hecker a. a. O. p. 7; Kranz a. a. O. p. 10; 25,1; Scheler a. a. O. p. 28 ff.. [2]) S. Schwarz a. a. O. p. 7. [3]) Auch von diesem Gesichtspunkt aus betrachtet, ist es leicht zu begreifen, dass Libanios (im Epitaphios), Zosimos und zum Teil auch Ammianus sich in der Beurteilung des Konstantius in den ausgesprochen negativen Standpunkt von Julians Brief an die Athener stellen, worin Hecker a a O. p. 9 wohl mit Recht eine Entstellung der Geschichte erblickt. Vgl. auch Scheler a. a. O. p. 12; 17. [4]) Vgl. nr. 7 p. 101.23 19 ff., wo Julian erklärt, er sei bis zu der »Vorhalle der Philosophie« gelangt, und p. 110,5 ff., wo von den »heiligen Mauern« die Rede ist, welche den Aufenthaltsort der in die Mysterien Eingeweihten umschliessen.

Tartaros gestürzt werden (p. 398,16 ff.; vgl. p. 399,12 ff.; 399,18 ff.; [vgl. or. 4 p. 175,25 ff.]; 402,5 ff.; 403,8 ff.; 405,21—406,18)[1]). Unter den Göttern befindet sich auch Herakles (p. 394,20) und schlägt vor, die Erschienenen behufs ihrer Versetzung unter die Unsterblichen zu prüfen (p. 406,12 ff.). Nach Beendigung des nun beginnenden Wettstreits frägt Hermes die einzelnen, was sie für das höchste Gut hielten (p. 428,3 ff.), worauf demjenigen unter ihnen, der sich für die Nachahmung der Götter erklärt, der Preis erteilt (p. 430,15) und damit die Vereinigung mit Zeus zugestanden wird (p. 431,3 ff.).

Es springt sofort in die Augen, dass man es hier ebenfalls wie in dem Mustermythos mit einer freien Nachahmung der Heraklessage bei Dion (s. o. p. 6 ff.) zu thun hat: Die Götter und die schlechten Dämonen einerseits entsprechen der Zeustochter Basileia und der Tyrannis mit ihrem Gefolge andrerseits. Die Heroenversammlung und der scharf davon geschiedene Vorraum sind die Regionen am Fusse der Zeushöhe und des Typhongipfels, und in den heiligen Trennungsmauern erkennt man die steilen Abhänge dieser Höhe wieder (D. p. 15,7). Die überirdische Lage der beiden Vereinigungspunkte erinnert an die hohe Bergkuppe, aus welcher die beiden Gipfel bei Dion (p. 14,24 ff.) hervorwachsen. Wenn der Einlass in die Heroenversammlung von der Zeus entsprossenen Dike abhängt, so ist auch der Zugang zu der Zeushöhe nur durch die Gnade des höchsten Gottes geöffnet (D. p. 15,4 ff.), während der Versuch, »gegen das Recht« dahin zu gelangen, den Absturz derer herbeiführt, die ihn trotzdem wagen (D. p. 15,6 ff.). An die Stelle des Herakles ist der preisgekrönte Kaiser (s. u. p. 22) getreten, und er erwirbt sich auch die Gnade des Zeus ganz auf dieselbe Weise wie der Heros. Verdankte sie dieser seinem Gelübnis, der Zeustochter Basileia nacheifern zu wollen (D. p. 18,20), so sichert sich der Kaiser dieselbe durch die allgemeiner gehaltene Erklärung, er kenne nichts Höheres als die Nachahmung der Götter. Auch seine aussere Erscheinung ist Dion nachgebildet. Denn die »ganz ehrwürdige Gestalt . . ., der einfache Mann ohne alle Ziererei, der in seiner Kleidung einfach und bescheiden ist (p. 407,23 ff.)[2]«, erinnern lebhaft an das »ehrwürdige« Antlitz der nur mit einem »weissen« Gewande angethanen Basileia (p 15,26 22), während ihr Zerrbild, die Tyrannis, in »Kleidern aller Art (p. 18,1 ff.)« prangt. Wenn Julian p. 408,4 ff. den Körper des Kaisers »wegen Mangel an Nahrung so geisterhaft und durchsichtig« nennt, »dass man ihn mit dem reinsten und lautersten Lichte vergleichen möchte«, so geht diese Schilderung auf Herakles, den typischen Vertreter der Basileia zurück, aber nicht unmittelbar auf den dioneischen Herakles, sondern auf den neuplatonisch verbrämten, wie er in der kurzen Skizze or. 7 p. 284,19 ff. 14 und or. 5 p. 216,8 ff. gezeichnet wird. Hier heisst es nämlich, der Heros habe »den Kampf gegen den Mangel an Nahrung aufgenommen (p. 284,14)« und einen »aus dem reinsten Aether bestehenden, göttlichen Körper« besessen. — Hermes hat seine Rolle bewahrt, insofern seine Frage nach dem höchsten Gut eine Verallgemeinerung der Alternative ist, vor die er bei Dion den Herakles

---

[1]) Auch die »Reue. diese weise und die Fehlenden rettende Göttin«, wird in den Caesares p. 418,4 ff. genannt, und zwar von Alexander dem Grossen, der sich damit wegen seiner Vergehen entschuldigen will. Hiemit ist Themistios zu vergleichen, der in der 22. Rede die dioneische Scenerie der Heraklessage kopiert und unter den allegorischen Figuren auch die »Reue« mit aufführt. Vgl. Weber a. a. O. p. 248,4 Vgl. u. p. 27 ff.; o. p. 9.
[2]) In der deutschen Wiedergabe der Stellen aus dem Caesares schliessen wir uns in den meisten Fällen an Osiander's Uebersetzung (Stuttg. 1856) an.

stellt, und insofern er hiedurch an beiden Orten die Apotheose seines Prüflings vermittelt. Dagegen hat der Sohn der Alkmene, wie bereits erwähnt, seine Stelle nicht behalten. Jedoch gerade der Umstand, dass ihm in der Satire eine so bedeutende Rolle zugedacht ist (s. p. 394,20 ff.; 406,8 ff.; 417,22 ff.), zusammengenommen mit der in dem einleitenden Dialog p. 394,11 ff. enthaltenen Bemerkung, der Eingang sei "ebenso mythisch als rhetorisch ersonnen", weisst unwillkürlich auf den rhetorischen Heraklesmythos Dions als Quelle Julians hin.

Aber auch sonst hat die julianische Satire mit dem dioneischen Mythos manches gemein: In der Einleitung wollen beide, der Kaiser (p. 394,7 ff.) wie der Rhetor (p. 11,12 ff.), was sie erzählen, von Hörensagen wissen, nur dass jener statt einer Hirtenfrau den Gott Hermes zu seinem Gewährsmann macht (vgl. p. 405,14 ff.). Hiezu wurde er offenbar durch die wichtige Stellung veranlasst, die der Götterbote bei Dion inne hat, vielleicht auch durch die blosse Behauptung, der Mythos sei göttlichen Ursprungs (s. o. p. 11). Beide deuten sodann an, dass ihre Mythen nicht blosse Erdichtungen sind, sondern dass sie auch etwas Wahres enthalten (vgl. J. p. 394,8 ff.; D. p. 11,9 ff.). Wenn es in der Erzählung selbst p. 395,10 ff. von dem "göttlichen Glanze" der für Kronos bestimmten Kline heisst, er sei so stark gewesen, "dass niemand sie ansehen konnte, und dass bei seinem wunderbaren Schimmer die Augen . . . dieselbe Empfindung hatten, wie wenn einer allzu starren Blickes die Sonnenscheibe anschauen will", so ist dies eine Entlehnung aus der Beschreibung der Basileia, von deren Antlitz der Rhetor p. 15,27 sagt, es sei so strahlend gewesen, "dass kein Schlechter habe hinsehen können, so wenig wie das schwache Auge den Anblick der Sonnenscheibe ertrage". Ferner ist die Angabe p. 395,13 ff.: "Der Sitz des Zeus war heller als Silber und blasser als Gold. Ob man diesen Stoff Elektron oder mit einem andern Wort benennen soll, konnte mir Hermes aus der Wissenschaft der Metallforschung nicht ganz genau angeben" lediglich eine Uebertragung von der Schilderung des Scepters der Basileia (p. 15,22 ff.), das "nicht von Gold und auch nicht von Silber war, sondern aus einem andern reinen und viel glänzenderen Stoffe bestand. Weiterhin geht das Lob der bei den Göttern herrschenden Ordnung p. 396,4 ff.: "Keiner stritt mit dem andern um den Vorrang . . ., es entsteht . . . keine Verwirrung in der Ordnung der Sitze, noch ein Wechsel derselben, noch sucht einer den andern von der Stelle zu verdrängen, sondern jeder weiss, wo er hingehört", auf die viel einfachere Bemerkung Dions p. 15,31 ff. (vgl. p. 17,19 ff.) zurück: "Es herrschte aber viel Anstand und geräuschlose Ruhe an dem Platze (der Basileia)". Der erste Kaiser, welcher in der Versammlung erscheint, Oktavian, wird p. 397,4 ff. dargestellt "gleich dem Chamäleon, die Farbe häufig wechselnd", womit die Beschreibung der Tyrannis p. 18,5: "Sie wechselte vielfach ihre Farbe" fast wörtlich übereinstimmt, ebensowie die Angabe p. 397,7 ff., der Kaiser sei erst "finster, mit wolkiger Stirne und dann wieder der Aphrodite und den Grazien ganz hingegeben gewesen", zu den Mienen der Tyrannis (p. 17,22 ff.) passt, welche "trotz des Bestrebens, das Wesen der Basileia nachzuahmen, statt liebenswürdig wie diese zu lächeln, verdrückt und tückisch die Zähne gebleckt, und statt würdig dreinzuschauen, ein finsteres und wildes und argwöhnisches Gesicht gemacht habe". Nicht minder deutlich erinnern die Worte p. 397,8 ff.: "Er wollte, dass die Blicke seiner Augen gleich der grossen Sonne strahlen sollten, so dass niemand ihm ins Gesicht zu schauen vermöchte", einerseits an die Tyrannis, welche p. 17,25 ff., "um den Eindruck eines hohen Sinnes zu machen, die zu ihr Kommenden nicht ansah, sondern über sie hinweg schaute«, und andrerseits an die Basileia, deren Antlitz, wie schon oben p. 19 gesagt wurde, der strahlenden Sonne glich. Wenn Apollon p. 397,15 ff. mit den Worten: »So komm' denn ... und nimm meinen Zögling in Aufsicht« den Kaiser dem Zenon übergiebt, so entspricht dieser Auftrag demjenigen des Zeus (p. 14,20 ff.) an Hermes, sich der Erziehung des Herakles anzunehmen. Aber auch bei Konstantinus muss man an den dionëischen Herakles denken, da Julian p. 422,10 ff. von ihm sagt: »er hatte ... zwei Tyrannen (Maxentius und Licinius: vgl. die oben p. 13 angeführten Stellen, an welchen Magnentius so genannt wird) gestürzt«, und dieser Kaiser sich im folgenden p. 423,3 ff. rühmt, er habe »die schlechtesten Tyrannen verfolgt«, und verdiene (p. 423,5 ff.) wegen seiner »Heldenthaten gegen die Tyrannen« den Preis[1]). Denn bei dem Rhetor ist es p. 14,2 ff. eine Hauptaufgabe des Gottersohnes, »tyrannische Menschen zu stürzen«, und p. 18,26 ff. erzählt er von ihm: »Wo immer er eine Tyrannis und einen Tyrannen erblickte, züchtigte und beraubte er ihn der Herrschaft (vgl. p. 19,1 ff.)«.

Allein neben der Heraklesallegorie sind auch die übrigen Ausführungen Dions »über die Königsherrschaft« in den Caesares stark benützt. So musste namentlich die vierte Rede des Rhetors die Farben zu der Zeichnung Alexanders des Grossen herleihen. Wenn nämlich der Makedonierkönig bei Julian p. 424,15 ff. seinen Grundsatz, »alles besiegen zu wollen (p. 424,7; vgl. D. or. 2 p. 22,30 ff.)«, dahin erläutert, er meine damit »jede Art von Menschen und wilden Tieren«, so ist dies nur eine Umschreibung von Dions Worten p. 64,18 ff.: »Er strebte danach, geehrt zu werden ... nicht nur von den Menschen allerorten, sondern womöglich auch von den Vögeln und den wilden Tieren in den Bergen (s. u. p. 23,4; vgl. or. 1 p. 18,29 ff.; or. 5 p. 94,3 ff.)«. Die Kritik des Silen p. 424,23 ff., Alexander sei oftmals seinen eigenen Leidenschaften unterlegen, giebt bloss den Ausspruch des Diogenes bei Dion p. 74,3 ff. wieder, wonach der König selbst sein gefährlichster Feind sei. Und wenn Dionysos in der Satire p. 425,15 dem Silen zuruft: »Höre auf mit solchen Reden, Vaterchen, es möchte dich sonst dieser Mann ebenso behandeln, wie den Klitus«, so entspricht diese Warnung den Worten des Kynikers a. a. O. p. 75,23 ff.: »Daraufhin kannst du nun böse werden ..., wenn du aber willst, mich sogar mit deinem Speere durchbohren«. Schliesslich birgt der Vers: »der, selbst goldumglanzt, ganz üppig erscheint, wie ein Mädchen«, womit Silen p. 402,18 ff. den »in allzuweichlichem Aufzuge und weiblicher Haltung« erscheinenden Kaiser Gallienus begrüsst, sicherlich eine Reminiscenz aus Dions zweiter Rede p. 31,1, wo der Originalvers zu dieser Homerparodie (Iliad. II 872): »Er, der mit Golde geschmückt, in die Schlacht einging wie ein Mägdlein«, in einer Erörterung über die Kleidung citiert wird, die einem Könige nach Homer anstehe, zum Beweise, dass der Dichter »die Ueppigkeit und den Unverstand« verlache. Wie alle diese Einzelheiten, so weisen auch die allgemeinen Ausführungen »über die Königsherrschaft«, welche den in den Caesares auftretenden Personen in

---

[1]) In dem ersten Panegyrikos findet sich ganz derselbe Vergleich des Konstantinus mit Herakles. Es heisst hier p. 9,1 ff. (vgl. p. 1,5) ebenfalls mit Bezug auf Maxentius und Licinius: »Tyrannenherrschaften ... störend durchzog er die ganze bewohnte Erde«. Hiezu führt Wyttenbach, »Animadv.« a. a O. p. 143 unter andern interessanten Parallelen auch Dion or 5 p. 91,3 ff an. Vgl. auch die von demselben Gelehrten beigezogene Stelle: Gregorius Naz. inv. 1 in Jul col. 561 A, a a. O., wo Konstantius gepriesen wird, weil er »die Barbarenvölker ringsum gesäubert und die einheimischen Tyrannen unterworfen« habe. Vgl. Jul. or. 1 p. 16,5 ff.

den Mund gelegt werden, so unverkennbar auf Dion zurück, dass wir uns füglich ein näheres Eingehen hierauf ersparen können.

Haben wir somit gezeigt, dass nicht nur der Mustermythos Julians, sondern auch seine Caesares im wesentlichen freie Nachbildungen von Dions Heraklesallegorie sind, so kann es nicht Wunder nehmen, wenn sich auch zwischen den beiden julianischen Werken selbst mannigfache Berührungen finden: Wir haben oben p. 15 ff. gesehen, dass unter den Zuhörern, welchen der Kaiser den Mustermythos vortrug, Sallustius als vertrauter und litterarisch gebildeter Freund Julians einen wichtigen Platz einnimmt, und dass der Redner gerade bei ihm, und vielleicht nur bei ihm, volles Verständnis für seine Dichtung voraussetzen konnte. Ist somit der Mustermythos wesentlich an diesen einen Zuhörer gerichtet, so ist ein Gleiches auch bei den Caesares der Fall. Der Mitunterredner des Prooemiums ist ein vertrauter Freund des Kaisers und wird von ihm nicht mit Namen genannt, sondern lediglich mit dem Kosewort »Philotes[1]« angeredet. Da er jedoch p. 394,1 ff. diesem ausdrücklich erklärt: »Auch ich verachte die Mythen nicht und verschmähe diejenigen, welche richtig abgefasst sind, durchaus nicht, worin meine Ansichten mit den deinigen übereinstimmen«, so werden wir nach dem oben p 15 ff. Ausgeführten nicht fehl gehen, wenn wir annehmen, dass es kein anderer ist als Sallustius, dem Julian auch diesen Mythos vorträgt. Hatte er ihm doch auch die gleichnamigen verlorenen »Kronia« zugesandt. Dann hätten also die Trostschrift, der Mustermythos und die Caesares den gleichen Adressaten, was umso weniger zu verwundern ist, als sie bloss verschiedene Phasen und Ausdrucksweisen der satirischen Kritik darstellen, die der Kaiser einem vertrauten Freunde gegenüber an der Regierung seines Vorgängers übt. Die oben angeführten Worte des Mitunterredners kennzeichnen unsere Satire ebenfalls als eine Art von Mustermythos, und ebenso kehrt in einer Schlussbemerkung zu diesem p. 304,8 ff. die bereits o. p. 19 mitgeteilte Andeutung der Caesares wieder, man habe es in der dargebotenen Erzählung mit einem Gemisch von Dichtung und Wahrheit zu thun. Wenn hier p. 301,1 ff. der von Helios ausgehende Glanz geschildert wird, Dike sich in der Gesellschaft des Göttervaters befindet (p. 297,4), dieser seinen Schützling p. 297,14 ff. dem Helios (p. 297,25; vgl. p. 298,1) und der Athena (p. 298,5) zur Pflege übergiebt und ihm den Hermes sendet (p 298,19), und Julian endlich auf den Rat des Hermes, sich von Zeus unter vielem das beste zu erbitten (p. 299,13), diesen anfleht, ihm den Weg auf die Zeushöhe zu zeigen (p. 299,20 ff), so haben wir im obigen p. 18 ff bei der Zurückführung der Caesares auf Dion für all diese Einzelheiten schon klar in die Augen fallende Parallelen aus der Satire angeführt (s. p. 395,10 ff.; 397,15 ff ; 398,16; 401,20; 404,22; 405,13. 19; 428,3 ff; 428,5 ff.).

---

[1]) Vgl. hierüber »A Enc.«. Schon die erste Uebersetzung von Cantoclarus Paris 1577 u. 1583 übersetzt richtig: »ô amice« (p. 25 bzw. 13). Ebenso die des Cunaeus Lugd. Bat. 1612. Eine gute Erklärung der Anrede giebt Spanheim in seiner anonymen franz. Ausgabe Paris 1683 p. 321, wo jedoch im Texte: »Philotes« steht (s. auch den Abdruck in der Heusinger'schen Ausgabe Goth. 1736 u. 1741). In der anonymen deutschen Uebersetzung Halle 1788 und in der Osiander'schen a. a. O. p. 19 wird der Mitunterredner auch »Philotes« genannt; Mucke a. a. O. p. 181, wie auch Bartenstein a. a. O. p. 15 sehen das Wort gleichfalls für einen (erdichteten) Namen an.

Besonders interessant sind aber diejenigen Stellen, an welchen die persönlichen Verhältnisse Julians und seiner unmittelbaren Vorgänger in beiden Schriften übereinstimmend behandelt werden. Unter diesen kommen vor allem die auf den **Helioskult** des Kaisers bezüglichen in Betracht[1]). In den Caesares nennt er den von Aurelian verehrten Sonnengott p. 403,11 seinen »Gebieter«, und am Schlusse der Satire p. 432,1 ff. legt er dem Hermes folgende Worte in den Mund: »Dir aber (Julian) habe ich vergönnt, den Vater Mithras (vgl. or. 4 p. 201,10 ff.) zu erkennen, und du halte dich an seine Gebote, wodurch du dir im Leben ein Haltseil und einen sichern Ankerplatz verschaffst, und wenn du von dannen scheiden musst, neben guter Hoffnung für dich einen gnädigen Gott zum Führer gewinnst«. In ganz ähnlicher Weise nennt der Kaiser in dem Mustermythos p. 301,1 den Sonnengott »König Helios«, stellt sich ihm p. 301,24 bedingungslos zur Verfügung, folgt ihm p. 303,2 ff. in allen Stücken und bezeichnet p. 304,2 sein Verhältnis zu ihm als ein Dienstverhältnis. Hermes lasst ihn auch hier p. 299,26 ff., indem er ihn zu der Zeushöhe hinführt, durch Vermittlung des Göttervaters den Helios selbst schauen. Dieser erteilt ihm p. 302,21 ff. Gebote, ermahnt ihm p. 303,20 ff., unentwegt an denselben festzuhalten, und erfüllt ihn durch das Versprechen seiner gnädigen Führung (p. 302,26 ff.; 304,5 ff.; vgl. p. 301,27) mit guter Hoffnung (p. 303,3) für das zeitliche und das ewige Leben (p. 304,4 ff.). Als Besonderheit mag endlich hier noch angeführt werden, dass die Wendung im Mustermythos p. 300,4: »(der Jüngling) hielt sich fest (an Helios)« in den Caesares p. 431,3 fast wörtlich wiederkehrt, nur dass hier der preisgekrönte Kaiser, Zeus und Kronos die Stelle des Schützlings und des Beschützers einnehmen.

Dem Kaiser **Konstantinus**, wird in dem Mythos p. 295,5 ff. 21 der Vorwurf gemacht, er sei habgierig gewesen und habe »gegen das Recht« reich werden wollen: In der Satire erklärt er p. 430,6 selbst einen grossen Besitz für das höchste Gut, und p. 422,18 ff. heisst es von ihm, er kümmere sich nicht um das Recht. Sein Besitz wird dort p. 295,11 ff. als unhaltbar hingestellt: Hier werden p. 423,11 ff. seine Errungenschaften in demselben Sinne mit den »Gärten des Adonis« verglichen. In dem Mustermythos fällt er p. 295,5 ff.; 296,4 ff. mit seinen Söhnen, unter denen Konstantius (p. 301,2 ff.) sich der Schwelgerei ergiebt, von den Göttern ab: In der Satire wendet er sich p. 431,8 ff. (vgl. p. 422,15 ff.) statt zu den Göttern den Dämonen Tryphe und Asotia zu, bei welchen er Jesus (s. o. p. 11,4) findet[2]), und geht mit seinen Söhnen aus der Götterversammlung. Nur die Rücksicht endlich auf seine Vorfahren sichert seinem Hause an beiden Orten den Fortbestand (vgl. Caes. p. 431,3 ff. [vgl. p. 403,3 ff.; 404,24 ff.; or. 1 p. 7,20 ff.] mit Myth. p. 296,11 ff.; 304,3 ff.).

Für das Verhältnis der Caesares zu dem Mustermythos ist es bezeichnend, dass sich der Held der letzteren, Julian selbst, in der Satire vorzugsweise im Bilde des Kaisers **Mark Aurel** spiegelt[3]). Denn dieser ist der mit den Zügen des dionoiseben Herakles gezeichnete Sieger im Wettstreit (s. o. p. 18). Aber auch auf **Alexander den Grossen**, den er or. 7 p. 275,20 »den königlichsten[4]) seiner Zeit« nennt, fallen einige Strahlen der

---

[1]) Hierüber vgl. u. a. Jachne, »De Juliani Augusti in Asia rebus gestis usque ad bellum Persicum« Progr. Budiss. 1810 p. 8. [2]) Die Stelle erklärt Teuffel, »De Juliano imperatore Christianismi contemtore etc.« Diss. Tubing. 1844 p. 20 ff. [3]) Mit diesem wird Julian auch von Joannes Antioch frg. 180 a. a. O. verglichen. Vgl. auch Ammian. XXV 4,17. [4]) So nennt Eunapios hist. rec. Bekk. p. 64 den Kaiser selbst.

Verklärung[1]). Denn der unter die Götter aufgenommene Vertreter des idealen Herrschertums, Herakles (p. 394,20), nennt ihn p. 406,9 ff. »seinen Alexander« und flösst ihm p. 411,11 ff. während der Prüfung Mut ein, so dass er p. 417,18 ff. stolz von seinen Thaten sagt: »Ihr Andenken ... wird mit mir unsterblich bleiben, wie das Andenken an die Thaten des Kallinikos, meines Königs (vgl. or. 7 p. 283,26: »Der Gebieter Herakles«, Caes. p. 403,11 ff.: »Helios, mein Gebieter«, or. 7 p. 289,10; 297,25: »König Helios« [vgl. or. 4 p. 168,8 u. ö.]; p. 305,3: »Die Könige, die Götter«), dessen Diener und Nachahmer ich war, indem ich . . .«) dem Herakles voll Bewunderung nachstrebte (vgl. auch p. 424,15 ff. mit Dion p. 18,31 ff.), soweit ein Sterblicher den Fussstapfen eines Gottes folgen kann«. Zu Herakles gesellt er sich auch p. 431,1 ff. nach Schluss der Prüfung. An Mark Aurel und Alexander reiht sich als drittes Vorbild Julians der Kaiser Trajan[2]) an, da dieser p. 431,6 dieselbe Wahl trifft, wie der Makedonierkönig, und einige von den Herrschertugenden repräsentiert, die sich der Held des Mustermythos p. 303,9 ff. von Helios als erstrebenswerte anempfehlen lässt: Es ist die Milde gegen die Unterthanen, der den Feinden eingeflösste Respekt und die Achtung vor dem Göttlichen. Nun haben wir oben p. 9 gezeigt, dass die Lehren des Helios auf Dions erste Rede zurückzuführen sind, worin gerade Herakles als Herrscherideal dargestellt wird. Herakles ist aber hier niemand anderes als eine mythisch-allegorische Verkleidung des jungen Trajan, wie wir diesen auch in der vierten dioneischen Rede in Alexander wieder zu erkennen haben, dem dort p. 69,19 ff. Herakles zur Nachahmung empfohleu wird[4]). Denn diesen Kaiser hat ja bekanntlich Dion bei seinen vier Reden »über die Königsherrschaft« beständig im Auge[5]). Für Julian ergiebt sich aus dem Gesagten, dass der Sohn der Alkmene,

---

[1]) Interessant ist in dieser Beziehung die Stelle Jul. or. 1 p. 137,26, wo es von Alexander heisst: »Er verehrte als der erste unter den Menschen die aufgehende Sonne«. Damit wird der Verehrer des kynischen Heros Herakles zugleich zum neuplatonischen Heliosanbeter gestempelt (s. o. p. 22), — in der Galiläerschrift p. 218 B apud. Cyrill. wird Alexander geradezu als das Muster eines Feldherrn hingestellt. Dass der Kaiser ihn nachahmte, versichert u. a. Ammianus XXV 4; Libanios epist. ed. Wolf 15,33 stellt Julian noch über den Makedonier. Zosimos vergleicht seinen Sieg über die Alamannen mit dem Siege Alexanders über Dareios. S. Zeidler a. a. O. p. 48,70. Vgl. Kellerbauer a. a. O. p. 28 Anm.**; 33*; Krainz a. a. O. p. 11,2; Reinhardt, »Der Perserkrieg des Kaisers Julian« Progr. Dessau 1892 p. 45. — Vielleicht ist das Interesse und die Vorliebe Julians für die Kyniker in letzter Linie auf den bekannten Ausspruch Alexanders über Diogenes zurückzuführen. Vgl. De La Bléterie, »Vie de l'empereur Julien« Amsterdam 1735 p. 203 (deutsche Uebersetzung Berlin 1736 p. 202; s. auch p. 198). [2]) Als sein erstes Vorbild nennt der König hier den Achilleus (vgl. or. 7 p. 271,18 ff.), womit Dion or. 2 p. 22,19 ff.; 26,21 ff.; or. 4 p. 73,6 ff. zu vergleichen ist. [3]) Mit Trajan und Mark Aurel vergleicht den Kaiser auch Ammianus XVI 1,4. Dass er letzteren nachahmte, behauptet u. a. Eutropios 10,16. Vgl. auch Centerwall, »Julianus Affälligen etc.« Stockholm 1884 a. E. (nach der Anzeige in Sybel's Histor. Zeitschr. 54. 1885 p. 313). [4]) Nur unter diesem Gesichtspunkte ist die o. p. 20 angeführte Stelle Dion or. 4 p. 61,18 ff. verständlich. [5]) Vgl. Burckhardt, »Ueber den Werth des Dio Chrysostomus für die Kenntnis seiner Zeit« Neues Schweiz. Mus. 4. 1864 p. 114; Haupt, »Dio Chrysostomus als Historiker« Philologus 43. 1884 p. 397; Breitung a. a. O. p. 17,17; Stich a. a. O. p. 4; Christ. a. a. O. p. 596. — Dion schrieb auch eine Biographie Trajans, womit er »vielleicht ein Seitenstück zu den von ihm verfassten acht Büchern über die Tugenden Alexanders des Grossen liefern wollte«, da ja »auch in den vier ersten Reden . . ., in denen uns das Ideal eines Herrschers mit deutlicher Beziehung auf Trajan geschildert wird, die Person des grossen Makedoniers entschieden hervortritt« (Haupt). Es wäre nicht unmöglich, dass Julian or. 6 p. 263,2 ff. bei den »Büchern«, aus welchen hervorgeht, »wie sehr Alexander den hohen Sinn des Diogenes bewundert haben soll«, u. a. auch an das letztgenannte Werk Dions denkt. Vielleicht bezieht sich hierauf die Stelle or. 7 p. 275,16 ff.: »Diogenes ging, obschon arm und von Geldmitteln entblösst, nach

wie er das Bindeglied zwischen den beiden dionëischen Reden bildet, so auch bei ihm verbindend und vermittelnd zwischen dem Mustermythos und dem Caesares steht.

Vergleicht man diese beiden Schriften einerseits und den zweiten Panegyrikos Julians andrerseits mit Dions Heraklesallegorie und dem ihr sehr nahestehenden Abriss derselben bei Julian, so lasst sich zwischen den beiden politischen Satiren und der Lobrede ein wesentlicher Unterschied in der Behandlung des ihnen gemeinsamen Sagenstoffes konstatieren. Da nämlich der Panegyrikos wie der Abriss auf Dion zurück und nicht wesentlich über ihn hinausgeht (s. o. p. 6 ff. 10), dieser aber wiederum auf ein kynisches Original zurückzuführen ist, so stellt sich hier das durch Herakles versinnbildlichte Herrscherideal hauptsächlich nach der Seite der praktischen Lebensbethätigung dar. Anders in dem Mustermythos und in den Caesares. In diesen beiden Werken ist es weit mehr auf die Darstellung der Identität des Herrschers und des Philosophen, oder besser gesagt, der Erlangung der »königlichen Tüchtigkeit (s. p. 283,26) durch das Studium der Philosophie abgesehen[1]). Andeutungen dieser Ideen finden sich allerdings auch schon bei Dion und in dem Abriss bei dem Kaiser. Verbirgt sie sich bei Dion mythisch-allegorisch in der Aussendung des Hermes behufs Ausbildung des Helden zum Herrscher, so ist dies auch in dem Mustermythos der Fall. Dieselbe Vorstellung tritt aber hier und in dem Abriss noch deutlicher durch das Interesse zu Tage, das dem Helden vonseiten des Helios und der Pronoia Athena entgegengebracht wird. In den Caesares endlich kommt sie einmal durch die Freundschaft Julians mit Hermes und den Schutz des Mithras gleichfalls allegorisch zum Ausdruck, dann aber auch dadurch, dass der zu den Göttern entrückte »König (p 394,20; 417,20)« Herakles die gemeinsame Prüfung der Herrscher vorschlägt (p. 406,12 ff.), in welcher vor allem auch »die Gesinnungen« derselben und nicht bloss ihre »Thaten« ans Licht gezogen werden (p. 423,21 ff.); endlich noch durch die Bemerkung des Zeus zu Kronos p. 407,18 ff. »er wundere sich zu bemerken, dass während man kriegerische Kaiser zu diesem Wettkampf einlade, kein Philosoph dabei sein solle: ihm aber seien solche Männer nicht minder wert; es solle daher auch Markus herbei gerufen werden«. Dion und der Abriss bei Julian sprechen aber auch noch von einer besonderen Unterweisung des Herakles durch Lehrer (vgl. D. p. 13,20 ff.; 14,9 J. p. 284,6 ff.; 283,25 ff.), und diese Andeutung wird in dem Mustermythos insofern verwertet, als hier Helios p. 302,15 ff. zu seinem Schützling sagt: »Du bist eben noch jung und noch nicht e i n g e w e i h t. Gehe drum zu den Eurigen, damit du dich e i n w e i h e n l ä s s t«, womit Julian offenbar seine eigene philosophische Ausbildung meint (s. u. p. 26 ff.)

Olympia, den Alexander aber forderte er auf, zu ihm zu kommen, wenn man dem Dion Glauben schenken darf«. Denn in der vierten Rede, die man nach Hertleins Vorgang (Adnot. crit. zu der Stelle) für die Quelle dieser Angabe ansieht (vgl. Weber a. a. O. p. 98,2; Prächter a. a. O. p. 43), erzählt er p. 65,27 ff. nicht, Diogenes habe den Alexander zu sich beschieden, sondern dieser sei von selbst zu ihm gegangen, und zwar nach Korinth, nicht nach Olympia. Wenn »Dion also dem Julian bei Abfassung der erwähnten Stelle nicht vorlag« (Prächter) so konnte der Kaiser die Notiz sehr wohl aus einem von dem Rhetor in seinem grossen Werke mitgeteilten Briefe des Kynikers an den König entnehmen, zumal da er unmittelbar darauf ein Schreiben des Philosophen an Archidamos citiert (p. 275,21 ff.). Vgl. auch in diesem Zusammenhange die Würdigung Alexanders bei Julian or. I p. 57,1 ff.; epist. 59 p. 575,1 ff.

[1]) Vgl. Gregorios Naz. invect. 1 in Jul. col. 569 B. a. a. O., wo es von den griechischen Philosophen heisst, ihnen zufolge »müsse sich Philosophie und Herrschaft decken«.

In den Caesares wird das Ideal des philosophischen Königs und des königlichen Philosophen im einzelnen durch die Gestalten des Oktavian, Trajan und Mark Aurel veranschaulicht, da diese Herrscher bei der Prüfung ihrer Gesinnung besonders ihre Liebe zur Philosophie betonen. Man kann daher in ihnen nach dieser Seite hin Abbilder des Herakles und Julian zugleich erblicken: Oktavian (vgl. o. p. 19 ff.), der Liebling des Apollon (p. 397,13), wird in der Schule des Zenon (p. 397,15) aus einem schlechten zu einem guten Herrscher gemacht und rühmt sich p. 418,26 ff. nachdrücklich seiner hohen Achtung vor der Philosophie. Trajan thut p. 421,15 ff. das gleiche und nimmt, wie schon oben p. 23 bemerkt, p. 43,16 nach erfolgter Apotheose seinen Platz gemeinschaftlich mit Alexander bei Herakles ein. Mark Aurel, der »untadlige (p. 428,2) Stoiker (p. 421,21)«, geht preisgekrönt aus dem Wettkampf hervor (p. 428,5 ff.) und vereinigt sich mit Zeus und Kronos (p. 431,3 ff.; s. o. p. 22).

Diese allmahliche Vertiefung und Verdeutlichung des schon bei Dion schwach angedeuteten Gedankens, dass der Herrscher auch ein Philosoph sein solle, wird in der siebenten Rede Julians und in seinen Caesares auch noch dadurch bewirkt, dass die bei dem Rhetor noch alleinstehende Allegorie von Herakles am Scheidewege mit dem Dionysosmythos in eine mehr oder weniger innige Beziehung gesetzt wird, deren Spuren, soweit solche in dem Mustermythos zu Tage treten, wir bereits oben p. 6, 11,4 nachgewiesen haben. In dem Abriss erklärt der Kaiser p. 283,23 ff., dass diejenigen, welche sagten, »Dionysos sei zwar ein Mensch, da er von Semele geboren wurde, er sei aber durch seine Theurgie[1] und seine Mysterien wie der Gebieter Herakles durch seine königliche Tüchtigkeit von seinem Vater Zeus zum Gott erhoben worden«, den Dionysosmythos nicht richtig verstanden, da der Held dieser Sage von Anfang an reiner Gott sei, während Herakles noch manches von der menschlichen Natur an sich habe (vgl. Dion p. 14,16). Dionysos sei nach dem Ratschluss des Zeus (p. 286,15) an der Spitze eines Heeres von Dämonen (p. 285,20 ff.)[2] als sichtbarer Gott aus Indien kommend bei den Menschen erschienen, um diese aus dem nomadischen Zustand in einen gebildeteren zu versetzen und sie durch seinen Kult zu vervollkommnen (p. 287,21 ff.). Der von Semele vorher verkündete, nicht geborene (p. 286,9 ff.; 285,2 ff.) Gott ist mithin nach der ausgesprochen neuplatonischen (s. p. 288,3 ff.) Vorstellung Julians neben dem die Spuren der Menschlichkeit erst nach und nach abstreifenden Sohn der Alkmene, das wahre, von allem Menschlichen losgelöste, göttliche Ideal eines philosophischen Herrschers. Er ist gewissermassen ein potenzierter Herakles, in dessen Persönlichkeit die Vervollkommnung eines von den rein praktisch-philosophischen Kynikern geschaffenen Typus durch die mystisch-theurgischen Zuthaten der Neuplatoniker versinnbildlicht wird. Man hat daher an den Stellen des Mustermythos und der Caesares, wo dieses Ideal ohne einen bestimmt nachweisbaren Anklang an Dion gestreift wird, jeweils die Wahl, ob man anstatt an die schwachen Andeutungen in der Heraklessage nicht lieber an den Dionysosmythos denken soll.

Dionysos hat der eben mitgeteilten Auffassung Julians entsprechend in den Caesares seinen Platz unter den Göttern, zu denen ja auch sein Doppelgänger Herakles entrückt ist, unmittelbar neben seinem Vater Zeus (p 396,13 ff.) und ergötzt sich an den witzigen, aus

---

[1] Vgl. Burckhardt, der a. a. O. p. 99 von Dion sagt, er sei »noch frei von aller Mystik und Theurgie«
[2] Julian wurde auf seinem persischen Feldzuge nach Gregorios von Nazianz von einem Heere von Dämonen, nach Libanios von einer Schar von Göttern begleitet. Vgl. Zeidler a. a. O. p. 44.

Scherz und Ernst gemischten (s. p. 398,5 ff.; 404,19 ff.) Reden Silens, der »wie ein Pfleger und Erzieher« neben ihm sitzt. Er wundert sich p. 404,13 ff, dass dieser, »sein Väterchen«, wie er ihn p. 398,6 ff.; 404,14 nennt, sich sogar zu philosophischen Sätzen aufschwingt, worauf Silen sich rühmt, ihn zum Philosophen herangebildet zu haben, und sich sogar mit Sokrates vergleicht. Er lasst, damit der Wettstreit der Kaiser nicht »unvollstandig (p. 408,8)« bleibe, auch den von den Göttern abgefallenen Konstantinus rufen (p. 408,15 ff.) und weist ihm an der Schwelle des Vorplatzes seinen Standort an. Endlich bezeigt er in der Prüfung, welche Silen mit den Heroen vornimmt, speciell für die der Philosophie ergebenen, Alexander (p. 425,15 ff.) und Mark Aurel (p. 427,19 ff.; vgl. p. 421,20), ein lebhaftes Interesse. Man sieht hieraus, seine Rolle in den Caesares passt vorzüglich zu der Vorstellung, die man sich nach dem Abriss von ihm machen muss: Dieser Dionysos ist ebenso wie seine teilweise Kopie in dem Mustermythos (s. o. p. 6) unseren bisherigen Ausführungen zufolge ohne Zweifel Julian selbst.

Wer verbirgt sich aber dann hinter dem Silen? Offenbar der bedeutendste und vertrauteste Lehrer des Kaisers in der Philosophie, dem dieser geradezu seine philosophische Ausbildung zu verdanken hat. Im Mustermythos ist der Held p. 300,16 noch »nicht eingeweiht« und soll p. 300,17 erst nach seiner Rückkunft auf die Erde »eingeweiht werden (s. o. p. 24)«. Derjenige wird also mit dem Silen identisch sein, der sich bei Julian dieser Aufgabe unterzog. Der Kaiser weist auch unmittelbar nach dem Mustermythos p. 304,24 (305,11 ff.) auf diese Persönlichkeit hin, leider aber, seiner Gewohnheit gemäss[1]), ohne einen bestimmten Namen zu nennen. Er sagt hier von ihm: »Ich gelangte zu der Vorhalle der Philosophie, um von einem Manne eingeweiht zu werden, der nach meiner Ueberzeugung alle meine Zeitgenossen überragt. Der aber lehrte mich vor allem Tugend üben und glauben, dass die Götter uns zu allem Schönen anleiten«. Mit diesem »philosophischsten (p. 305,13 ff.)« Tugendlehrer und Mystiker (beachte die Ausdrücke »einweihen« und »Vorhalle der Philosophie«) kann aber nur Maximus von Ephesos gemeint sein[2]), welcher, obgleich ein Neuplatoniker, sich doch (nach epist. 38 p. 535,19 ff.) in seinem Aeusseren als Kyniker gab, was mit seiner Betonung der praktischen Tugendlehre auch recht gut übereinstimmt[3]). Von seinem Schüler, dem durch seine Theurgie und seine Mysterien berühmten (s. o. p. 25) Dionysos haben wir oben p. 25 bereits gesehen, dass er gewissermassen als die Verkörperung der durch die neuplatonische Spekulation ergänzten und vervollkommneten praktischen Tugendlehre des Kynismus angesehen werden kann, und dass man somit, wenn man vom Schüler auf den Lehrer schliessen darf, keinen passenderen finden könnte als einen kynisierenden Neuplatoniker vom Schlage des Maximus von Ephesos, den Eunapios in erster Linie als Theurgen schildert. Es frägt sich nun bloss, ob auch das Bild, das der Kaiser in den Caesares von dem Silen entwirft, diesem Manne ähnlich sieht. Dass er ein Philosoph ist, sagt er selber (s. oben), dass er ein Kyniker ist und sein soll, wissen wir aus Dion, dessen Diogenes ihm zur Vorlage gedient hat (s. o. p. 20): Er wird aber auch durch sein ganzes Reden und Gebaren als solcher

---

[1]) Vgl. Wyttenbach, »Epist. crit.« a. a. O. p. 233 ff. S. auch o. p. 21. [2]) Vgl. »A. Enc.«; Neander p. 55 denkt fälschlich an Chrysanthios. Vgl. auch Scheler a. a. O. p. 22 ff. [3]) Vgl. Naville, »Julien L'apostat etc.« Paris 1877 p. 55.

gekennzeichnet, und zwar als ein kynischer »Spudogeloios (vgl. p. 404,19 ff.; 398,5 ff.)« mi allen Eigentümlichkeiten dieser Gattung[1]): Scherzhafte Dichtercitate (p. 398,4; 398,19; 402,22 ff.; 425,13 ff.; Euripides; vgl. o. p. 14,1), Parodien (p. 403,1; vgl. o. p. 20), den Kynikern geläufige moralische Vorwürfe (p. 403,1; 420,15), Verspottung der dogmatischen Philosophen (p. 424,13 ff.; 421,20 ff.), kynische Vergleiche (p. 404,4 ff.) und die häufige Verwendung von Sprichwörtern (p. 401,3 ff.; 423,11) drücken seiner Physiognomie diesen Stempel auf. Wenn er sich p. 404,15 ff. als »Spudogeloios« sogar mit Sokrates vergleicht, der ihm »ähnlich gesehen und den ersten Preis in der Philosophie unter seinen Zeitgenossen davongetragen habe«, so wird zunächst durch diese Gleichstellung mit diesem Philosophen unsere Identifizierung des Silens mit dem anonymen Lehrer Julians in der siebenten Rede gerechtfertigt; dann aber werden wir durch diese Parallele daran erinnert, dass der Kaiser or. 6 p. 242,7 ff. den in Platons Symposion vorkommenden Vergleich des Sokrates mit dem Silen geradezu auf den Kynismus anwendet, von dem er im folgenden ein specifisch neuplatonisch gefärbtes Bild entwirft[2]). Man sieht, Maximus, der bedeutendste Neuplatoniker zu Julians Zeit, soll zu einem Sokrates des vierten Jahrhunderts gemacht werden, und zwar seinem Wesen entsprechend zu einem kynischen Sokrates, ein Synkretismus, der umso eher begreiflich ist, als Julian ohnehin den Weisen von Athen, wahrscheinlich durch Dion mit veranlasst (s. o. p. 14,4), in kynischer Beleuchtung zu sehen gewöhnt ist (vgl. or. 8 p. 314,19; 312,22 ff.; or. 6 p. 247,19 ff.; epist. ad Themist. p. 342,14 ff.). Dass der platonische Vergleich dem Kaiser auch in den Caesares vorschwebt, wird schon durch den dem Symposion nachgebildeten Doppeltitel der Satire: »Symposion oder Kronia« nahe gelegt, dann aber vor allem durch das Verhältnis des Dionysos zu Silen, das eine offenbare Kopie desjenigen ist, in welchem Alkibiades[3]) und Sokrates zu einander stehen. Erwägt man schliesslich noch, dass ja die Caesares aller Wahrscheinlichkeit nach dem Neuplatoniker Sallustius gewidmet sind (s. o. p. 21), so stimmt es auch hiezu recht gut, wenn darin dem grössten gleichzeitigen Vertreter dieser Lehre von seinem kaiserlichen Schüler und Freunde ein Denkmal gesetzt wird.

Die Hauptaufgabe des Silen ist die Prüfung der Heroen: Er trägt somit wesentlich zur Darstellung des philosophischen Herrscherideals bei, das ja, wie wir gesehen haben, in den Caesares in den Halbgöttern Herakles und Dionysos seine mythologischen Vertreter findet. Diese zweifache Versinnbildlichung kehrt nun bei Julian noch an einer andern Stelle wieder, und zwar in einem Zusammenhange, welcher die Quelle dieser Kontamination deutlich verrät: In dem ausführlichen »Briefe an Themistios (p. 328,1 ff.)« behandelt der Kaiser nämlich ebenfalls das Thema »von der Königsherrschaft« und sagt p. 328,18 ff., Themistios habe ihm durch seinen letzten Brief den Wettstreit mit seinen idealen Vorbildern Alexander und Mark Aurel (vgl. o. p. 22) noch viel schwerer dargestellt, indem er ihm geschrieben habe, »er sei von der Gottheit auf den Posten gestellt, auf welchem vor Zeiten Herakles und Dionysos gestanden hätten, welche Philosophen und Herrscher in einer Person gewesen seien und fast die ganze Erde und das Meer von der überhand nehmenden Schlechtigkeit gereinigt hätten

---

[1]) Vgl. die sehr gehaltvolle »Préface« Spanheim's »sur les Césars de Julien, etc.« in seiner o. p. 21,1 genannten französischen Ausgabe und Wachsmuth², »De Timone Phliasio« p. 66 ff. (Corpusc. poes. epic. ludib. fasc. II). [2]) S. »A. Greg.« p. 329. [3]) Eine eigentümlich kynisierende Anerkennung des Alkibiades findet sich bei Julian or. 1 p. 13,18 ff. Vgl. Plutarch. »Quomodo adulator etc.« p 52 E ff.

(Vgl. Mustermythos p. 297,9 ff.; 300,17 ff.; 303,18 ff.)«. Da uns nun nichts hindert, den Brief Julians an den Philosophen früher anzusetzen als die Caesares, und derselbe sicherlich vor der siebenten Rede verfasst ist[1]), so wird es wohl Themistios gewesen sein, der den Kaiser auf den Gedanken brachte, bei der allegorischen Behandlung des Themas »von der Königsherrschaft« über den ihm, wie seine 22. Rede zeigt, gleichfalls sehr wohlbekannten antisthenisch-dioneischen Heraklesmythos[2]) hinauszugehen und dasselbe durch Beiziehung der Dionysossage zu vertiefen. In dem Schreiben selbst geht Julian nicht weiter auf diese beiden Mythen ein. Nur an einer Stelle p. 341,21 ff. streift er die Heraklessage, und zwar, wie es scheint, die dioneische Darstellung derselben, indem er sagt, »Herakles sei in allem am meisten selbstthätig gewesen«, eine Bezeichnung, die auch bei dem Rhetor or. 1 p. 14,4 schon vorkommt[3]).

Auch insofern berührt sich der Kaiser in diesem Briefe wenigstens mittelbar mit Dion, als er hier p. 334.4 ff. einen Passus aus Platon, Legg. IV p. 713 C ff. zitiert, in welchem der Philosoph (s. Jul. p. 334,10 ff.) von dem bekannten Vergleich des Herrschers mit dem Hirten Gebrauch macht. Diese Platonstelle ist jedoch für uns besonders deswegen interessant, weil sie von dem »alten Mythos« von Kronos handelt, der gute Dämonen zu Herrschern über die Menschen einsetzt, und weil sie zu dem Schlusse kommt, die Herrscher müssten das Leben unter Kronos nachahmen. Man braucht sich hiebei nur daran zu erinnern, dass der Mitunterredner in dem Prooemium der Caesares p. 393,17 ff. erklärt, er liebe in Uebereinstimmung mit Julian und ihrem gemeinsamen Freunde Platon die richtig gebildeten Mythen, da ja auch dieser Philosoph manches Ernste in Mythenform gekleidet habe, und man wird überzeugt sein, dass eben diese den Kronosmythos behandelnde Stelle dem Kaiser die Grundidee zu seinen »Kronia« (Caesares) eingegeben hat[4]), zumal da sich auch sonst noch manche Be-

---

[1]) S. Schwarz a. a. O. p. 10. 19. [2]) Ueber die Bekanntschaft des Themistios mit Dion vgl. Bücheler a. a. O. p. 451; Welcker, »Opusc.« II p. 488 ff.; Weber a. a. O. p. 248,4. [3]) Hiezu stimmt es, wenn Julian im Misopogon p. 464,6 von seiner »Selbstbethätigung« als Mann unter den Kelten und Germanen spricht. S u. p. 29. [4]) Derselbe Zusammenhang ist wohl auch für die verlorenen »Kronia« (s. Schwarz a. a. O. p. 9. 19) anzunehmen, welche (nach or. 4 p. 204,4 ff.) wahrscheinlich ein der vierten Rede verwandtes Thema behandelten. Da in dieser nun »die dreifache Schöpferthätigkeit des Gottes (Helios)« erörtert wird, so könnte diese neuplatonische Lehre in dem verlorenen Werke vielleicht durch den Kronosmythos in der Weise illustriert worden sein, dass zunächst wie in der vierten Rede die drei Erscheinungsformen der Gottheit auseinander abgeleitet und dann hauptsächlich die dritte, das heisst die Offenbarung des Kronos in der sichtbaren Welt, geschildert wurde. Dann hatte der Kaiser also »das Leben unter Kronos« oder das »goldene Zeitalter« ausgemalt: Es wäre hinter dem Titel eine allegorische Schilderung der durch Julians Idealherrschaft zu schaffenden Zustande zu suchen. Die Erneuerung des goldenen Zeitalters ist aber ein specifisch kynisches Thema (s. Weber a. a. O. p. 103. 117 ff.), indem die Schüler des Antisthenes dieses Ziel durch die Befolgung ihrer praktisch-philosophischen Grundsätze anstrebten, wie dies u. a. auch aus Dion zu ersehen ist. Ueber eine derartige Vermengung neuplatonischer Theologie mit kynischer Ethik, wie sie nach dem Gesagten in den »Kronia« anzunehmen wäre, braucht man sich umso weniger zu wundern, als diese Erscheinung ja, wie wir gesehen haben, auch in dem Mustermythos zu Tage tritt. Das einzige Fragment, das uns noch von der Schrift erhalten ist, nennt beiläufig den Philosophen Jamblichos (p. 609,12 ff.) und würde somit dem neuplatonischen Teile derselben zuzuzählen sein; wir besitzen aber vielleicht noch ein anderes, das hieher gehört: Den von Suidas überlieferten Titel: »Ueber die drei Formen«. Könnte nicht das von Julian am Schlusse seiner vierten Rede erwähnte Werk einen Doppeltitel gehabt haben, wie ja auch die erhaltenen Kronia einen solchen führen? Die Schrift hätte dann geheissen: »Kronia oder über die drei Erscheinungsformen der Gottheit«. Wenn die gegebene Deutung und Kombination dieser beiden Titel richtig ist, dann ist es auch leicht begreiflich, warum wir es nicht mehr besitzen. Dann diente das Werk eben mit seinem theologisch-dogmatischen Teile der neuplatonischen Propaganda

ziehungen zwischen dem Briefe an Themistios und den Caesares nachweisen lassen: Um von der bereits durch Themistios vermittelten Uebereinstimmung bezüglich der Herakles- und Dionysossage und der an beiden Orten absichtlich zur Schau getragenen Nachahmung Alexanders und Mark Aurels zu schweigen, ist hier besonders zu beachten, dass die Götter in den Caesares p. 423,21 ff. glauben, sie müssten »die Gesinnungen der Herrscher ans Licht ziehen und die Entscheidung über die Preisverleihung nicht bloss von ihren Thaten abhängig machen, da ja hievon die Glücksgöttin sich den grössten Anteil zueignete und gegen sie alle Beschwerde führte (vgl. p. 415,20 ff.)[1]«. Denn Julian betont auch in dem Briefe an seinen Lehrer p. 331,6 ff., wie schwer es sei, hinsichtlich der Herrscherthaten guten Muts zu sein, »über welche nicht bloss die persönliche Tüchtigkeit oder rechte Gesinnung entscheidet, sondern vielmehr das Glück[2], das überall herrscht und die Verhältnisse zwingt, sich dahin zu neigen, wohin es will (vgl. or. 1 p. 5,16 ff.; 30,15 ff; 55,17 ff.)«. Ebenso stimmen die sich hieran anschliessenden Bemerkungen über die stoische Eudaimonistik (p. 331,11 ff.) im Prinzip mit der gutmütigen Ironie überein, mit welcher Silen in den Caesares p. 421,21 ff.; 428,11 ff. den Stoicismus behandelt (s. o. p. 27). Auch der Schluss des Schreibens fordert zu einem Vergleich mit der Satire heraus, indem der Kaiser hier p. 345,16 verspricht, »er wolle nicht unter die Thaten anderer seinen Namen setzen«; denn Alexander macht dort p. 415,3 ff. dem Pompeius den Vorwurf, sein Name sei unter die Erfolge eines Crassus und Lucius gesetzt worden, und rühmt p. 415,11 ff. den Marius, Scipio[3] und Camillus, dass sie »nicht unter fremde Thaten ihre Namen schrieben«. Wenn der Kaiser im Anschluss hieran p. 415,15 ff. sein Vorbild (Alexander) sagen lässt, diese Männer seien »selbst Baumeister und Werkleute« gewesen und hätten deshalb »verdientermassen die herrlichsten Beinamen erhalten«, so adoptiert er hier mit dieser Erklärung die von Themistios in seinem Briefe (s. p. 341,6 ff.) vertretene Auffassung der Aristotelesstelle Pol. VII 3 p. 1325 B, wonach diese sich auf die Herrscher selbst bezöge, während sie, wie Julian (p. 341,12 ff.) nachzuweisen sucht, nur auf die politischen Theoretiker geht. Endlich treffen die beiden Schriften noch im Gebrauch eines Bildes zusammen, indem Julian in dem Briefe an Themistios p. 330,6 ff. seine Zukunft mit dem Zustand eines Seemanns vergleicht, der nach langer, gefahrvoller Fahrt die Gottheit bittet, ihn »am Ende seines Lebens einen Ankerplatz finden zu lassen«, ein Wunsch, dessen Erfüllung ihm Hermes am Schluss der Satire p. 432,3 ff. mit den Worten in Aussicht stellt: »Halte dich an die Gebote (des Mithras), denn dadurch verschaffst du dir im Leben . . . einen sichern Ankerplatz« (Vgl. o. p. 22).

Der Gedanke von der Nachahmung der Götter durch den Herrscher, von welchem der Brief an Themistios ausgeht, findet auch noch in dem sogenannten »*Fragmentum epistolae*

und war in diesem Sinne gegen die christliche Trinitätslehre gerichtet. S. auch Gregorios Naz. or. 31 col. 152 A (t. 36 bei Migne) und Theodoretos, Graec. affect. cur. III col. 872 C ff. (t. 83 bei Migne). Der Beifall, den Sallustius (s. or. 4 p. 204,7 ff.) ihm spendete, kann unserer Vermutung nur als Stütze dienen (vgl. o. p. 15 ff.). Trifft diese aber das Richtige, so hatten die Christen ein berechtigtes Interesse, eine solche Schrift zu vernichten. Vgl. o. p. 11,4.

[1] »Dass sie ihr zu danken vergessen haben«, bemerkt hiezu erläuternd C a u e r, »Ueber die Caesares des Kaisers Julianus Apostata« Progr. Bresl. 1856 p. 5. [2] Von der Allgewalt der Tyche handeln auch die unter Dions Namen gehenden orr. 63. 64. 65, worunter namentlich die 64. mit Julian epist. ad. Them. p. 331,6 ff. zu vergleichen ist. S. auch Rohde a. a. O. p. 280,3. [3] Ein Beispiel, wie Julian dem Scipio nacheiferte, bietet Ammianus XXIV 2,14 ff. (vgl. Kellerbauer a. a. O. p. 28**); s. auch XXIV 4; XXV 4, (vgl. Strauss a. a. O. p. 49).

(p. 371 ff.)« eine eingehende Behandlung. In diesem Schriftstück, worin der Kaiser in seiner Eigenschaft als Pontifex Maximus die religiöse Seite seiner Herrscheraufgabe beleuchtet[1]), wird p. 372,8 ff. in Uebereinstimmung mit Dion or. 1 p. 8,25 ff. die Forderung der Nachahmung der Götter aufgestellt, und zwar bedient sich Julian hiebei zur Begründung des Gebotes der Menschenfreundlichkeit p. 372,11 ff. eines Gleichnisses, das sich auch bei dem Rhetor p. 10,6 ff. vorfindet. Denn wenn dieser schreibt: »Wie unter den Sklaven diejenigen, welche in dem Gegenstand ihrer Freundschaft, ihres Eifers und ihrer Liebe mit den Herren übereinstimmen, mehr als ihre Mitsklaven geliebt werden, ebenso muss man auch von der Gottheit, da sie menschenfreundlich ist, glauben, dass sie die Menschenfreundlichkeit unter den Menschen liebt«, so sind diese Worte sicherlich folgender Ausführung Dions nachgebildet: »Wie unter allen Feldherrn und Befehlshabern über Heere, Städte und Völker derjenige, der deinen (des angeredeten Trajan: s. o. p. 23) Charakter am meisten nachahmt und sich offen deinen Sitten möglichst anschliesst, dir wohl der vertrauteste und liebste sein möchte, wenn aber einer eine entgegengesetzte und unähnliche Art zeigte, dieser wohl mit Recht Tadel und Geringschätzung ernten würde und wohl gar seines Amts entsetzt andern besser veranlagten und besser amtierenden Platz machen müsste, so wird auch unter den Herrschern, da diese meiner Meinung nach ihre Macht und ihr Wächteramt von Zeus erhalten, demjenigen, welcher im Hinblick auf diesen nach dem Gesetz und der Satzung des Zeus gerecht und gut herrscht und regiert, ein gutes Loos und ein glückliches Ende zuteil. Wer aber dem zuwider handelt, der ihn mit diesem Geschenke betraut hat, und ihn nicht ehrt, der hat von seiner grossen Gewalt und Macht keinen andern Gewinn als den, dass er allen seinen Zeitgenossen seine Schlechtigkeit und Zügellosigkeit offenbart: Er erfüllt das Loos des Phaeton in der Sage, als er, obgleich kein tauglicher Wagenlenker, gegen das Geschick den starken und göttlichen Wagen bestieg«[2]). Dass Julian an der angegebenen Stelle von Dion abhängig ist, wird dadurch um so wahrscheinlicher, als der von dem Rhetor angewandte mythologische Vergleich uns an eine andere Beziehung zwischen den beiden Schriftstellern erinnert. Denn wenn es im zweiten Panegyrikos p. 107,14 ff von dem schlechten, bloss auf äussere Macht und Pracht sich stützenden Herrscher heisst: »Ein solcher hat kaum die Zügel in die Hand genommen, so wird er in die Luft geschleudert, gerade so, wie es dem Phaeton im Mythos ergeht (vgl. Jul. or. 1 p. 44,12 ff.)«, so ist dieser Vergleich nachweisbar[3]) auf Dion zurückzuführen, und Julian verwertet ihn sogar noch einmal in dem dritten Panegyrikos, in dem er p. 157,22 ff. in demütiger Bescheidenheit seine eigene Unfähigkeit zur Bekleidung der Caesarenwürde damit veranschaulicht. So erst begreift man den Aerger vollständig, den ihm der Pseudokyniker Herakleios bereiten musste, als er ihm in seiner Gegenwart vor einem grossen Publikum unter andern auch einen satirischen Mythos vortrug[4]), in welchem »der König Helios« und Phaeton vorkamen (s. or. 7 p. 265,10 ff.; 269,22 ff)[5]). Denn man braucht bloss an Julians vierte Rede

---

[1]) Ueber Form und Inhalt und Verhältnis dieser interessanten Schrift zu den übrigen Werken Julians vgl. »A. Enc.«. [2]) Vgl. »A. Enc..« [3]) S. Prächter a. a. O. p. 47. [4]) S. Weber a. a. O. p. 114 ff. [5]) Wenn es or. 7 p. 264,7 ff. heisst: »Wir haben einen Hund . . . wie die Ammen Mythen singen hören«, so ist damit Dion or. 4 p. 77,17 ff. zu vergleichen: »(Diogenes) erzählte (den Mythos) . . ., um ihn (den Herakles) zu trösten, wie die Ammen den kleinen Kindern, wenn sie sie geschlagen haben, zum Trost und Gefallen dann einen Mythos erzählen Derselbe Vergleich des Mythenerzählers mit den Ammen findet sich noch Jul. or. 7 p. 267,17 ff.

und an den Mustermythos zu denken, um einzusehen, dass der mit den Galiläern im Bunde stehende Gegner des Kaisers[1]) mit der Figur des Phaeton niemand anders als ihn selbst, »den Sohn des Helios (s. p. 297,17 ff.)«, meinen konnte.

Doch kehren wir zurück zu Julians Brieffragment! Der Kaiser führt hier aus, die Götter müssten den Menschen als Vorbilder der Menschenfreundlichkeit dienen, und beruft sich bezüglich der Pflicht der Fürsorge für die Fremden, die, wie alle Menschen überhaupt, von ihren Nebenmenschen unterstützt werden sollten, p. 374,22 ff. auf die Verehrung des Zeus Xenios, für das Gebot der Nächstenliebe p. 375,3 ff. auf den Kult des Zeus Hetaireios und für die Verwandtschaft aller Menschen p. 375,10 ff. auf Zeus Homognios. Ganz dasselbe thut aber auch der Rhetor p. 9.6 ff. 17 ff.; 9.5. 13 ff.; 9.5. 12 ff., und sogar die von Julian p. 374,10 ff. »paradox« genannte Forderung der Feindesliebe ist bei diesem p. 9,15 schon vorbereitet, wenn hier der Satz aufgestellt wird, der wahre Herrscher müsse den Zeus Philios und Hetaireios nachahmen, welcher »alle Menschen zusammenführt und wünscht, dass sie einander freundlich gesinnt seien, und keiner den andern weder im Privatleben noch mit den Waffen in der Hand anfeinde«. Schliesslich geht auch p. 383,11 ff. (vgl. epist. 63 p. 586,1 ff.) die Versicherung der guten Hoffnungen, welche der priesterliche Herrscher, wenn er ein wahrer Nachahmer der Götter ist, in diesem wie im jenseitigen Leben hegen darf, auf Dion zurück, der, wie wir bereits oben p. 9 sahen, seinem Idealherrscher p. 10,18 ff. dieselben Aussichten eröffnet (vgl. Mustermythos p. 303,3 ff.; Caesares p. 432,5 ff.). Aus dem Gesagten geht somit hervor, dass das grosse Brieffragment in den genannten Partien nichts weiter ist als eine freie Bearbeitung desjenigen Teils der ersten dioneischen Rede, welcher (von p. 8,23 an) »von dem grössten und ersten König und Gebieter« handelt, den die sterblichen Herrscher nachahmen sollen (vgl. or. 36 p. 57,7 ff.; 58,24 ff.).

Würde nicht der ganze Zusammenhang auf dieses Werk des Rhetors weisen, so könnte man nach Julians Worten p. 375,6 ff.: »Ich sehe, wie die Benennungen der Götter zugleich mit der Welt von Anfang an gleichwie gemalte Bilder vorhanden sind«, bei dieser Stelle des grossen Brieffragments auch an eine Entlehnung aus der zwölften Rede Dions »vom ersten Gottesbegriff«[2]) denken, wo Pheidias p. 236,31 ff. erklärt, er habe bei seinem Zeusbilde alle Benennungen des Gottes in entsprechender Weise versinnbildlicht. Darauf zählt er in fast wörtlicher Uebereinstimmung mit der ersten Rede (p. 9.3 ff.) ganz dieselben Epitheta des Zeus auf und erklart sie im einzelnen. Dass der Kaiser die zwölfte dioneische Rede kannte, unterliegt keinem Zweifel; denn die Gedanken, die darin »über den ersten Gottesbegriff« vorgetragen werden, kehren eben in unserem Brieffragment unverkennbar wieder. Dion unterscheidet hier nämlich zunächst eine natürliche und eine erworbene Gottesidee p. 225,9 ff.). Für den natürlichen Ursprung derselben weist er p. 221,8 ff.; 225,9 ff.; 228,9 ff. erstens auf die Uebereinstimmung aller Menschen in diesem Punkte und zweitens p. 221,16 ff.; 232,23 ff. auf die Betrachtung des Himmels und die Erkenntnis der an diesem zu Tage tretenden sichtbaren Götter hin. Bei der erworbenen Gottesidee stellt er sodann p. 225,21 ff. einen vierfachen Unterschied fest, wonach sie in eine von den Dichtern freiwillig gebildete, eine von den Gesetzgebern aufgenötigte, eine durch die Künstler (p. 227,3 ff.) versinnbildlichte

---

[1]) S. hierüber »A Greg.« p. 134 ff. und »A. Coh.« p. 131,1. [2]) Uebersetzt von Stich a. a. O. p. 28 ff.

und eine von den Philosophen (p. 228,8 ff.) zum Ausdruck gebrachte zerfällt. Nun enthält das grosse Brieffragment Julians p. 376,25 ff. einen Abschnitt über »die Werke der Frömmigkeit«, worin sich, wenn auch nicht in derselben Folge, doch ganz genau dieselbe Aufzählung der für die Gottesverehrung massgebenden Faktoren und eine übereinstimmende Kritik ihrer relativen Bedeutung nachweisen lässt. Es ist hier nämlich p. 376,26 ff.; 377,22 ff. in erster Reihe von dem an und für sich vorhandenen frommen Götterglauben die Rede (vgl. D. p. 221,8 ff.; 225,11 ff.; 226,10; 227,4; 228,8 ff.). Dann wird p. 377,10 ff.; 379,7 ff. auf die Gestirne als sichtbare Götter und von den Unsichtbaren geschaffene Versinnbildlichungen ihrer Existenz aufmerksam gemacht (vgl. D. p. 221,19 ff. 16 ff.; 232,23 ff.). Weiterhin spricht der Kaiser p. 378,3; 380,15 ff. von der Gottesverehrung »durch Worte« und nennt als »Lehrer der Worte über die Gottheit« die Dichter (vgl. D. p. 225,18. 23 ff. 29; 226,1. 13; 227,4 ff. 27; 228,12). Als solche sind sie, wie p. 380,3 der Vergleich mit den jüdischen Propheten zeigt, »Verkünder und Deuter der Worte über die Gottheit« (vgl. D. p. 228,11 ff.; 225,29 ff.)«, worunter nach p. 386,3 ff.; 380,13 ff. vor allem die Göttermythen zu verstehen sind (vgl. D. p. 226,20 ff.; 233,6 ff.). Nach den Dichtern kommen p. 378,5 ff. die Gesetzgeber in Betracht, weil sie den Menschen die »Gottesverehrung durch Werke« auferlegen (vgl. D. p. 225,19 ff. 25. 30; 226,1. 14; 227,5. 27; 228,12). Ferner werden p. 377,4 ff. 15 ff.; 378,26 die »irdischen Götterbilder und Idole« den himmlischen als »Symbole der Gegenwart der Götter« gegenübergestellt (vgl. D. p. 227,5 ff.; 228,12 ff.; 232,10 ff.). Endlich wird p. 385,20 ff. nachdrücklich betont, dass die Lehren der Philosophen die weitaus beste Quelle der Gotteserkenntnis und den Dichtermythen vorzuziehen seien (vgl. D. p. 228,13 ff.). Julian hat also offenbar in dem grossen Brieffragment die Rede Dions »vom ersten Gottesbegriff« stark benützt.

Allein nicht nur hier. In seiner berühmten »Galiläerschrift«, in welcher der Kaiser als geistliches Oberhaupt des Römerreichs sich für die hellenistische Staatskirche durch die kritische Widerlegung ihrer Hauptgegner zum Defensor fidei aufwirft, untersucht er p. 42 E. ff. in aller Kürze, »woher und auf welche Weise wir Menschen zuerst zur Gottesidee gelangt sind[1])«. Er behandelt also hier genau dasselbe Thema wie der Rhetor, und zwar fast mit denselben Worten: Er hebt p. 52 B. zunächst hervor, »dass der Mensch die Gotteserkenntnis nicht erst durch Unterweisung erworben hat (vgl. or. 7 p. 271,15 ff.)[2])«, ein Gedanke, der auch bei Dion p. 221,11; 226,10 zum Ausdruck gelangt. Dann führt er aus, »der Mensch besitze die Gotteserkenntnis von Natur, wofür uns zunächst der allgemeine Zug der gesamten Menschheit zu der Gottheit zeuge, wie er im Leben des Einzelnen und des Staates, beim Individuum und den Völkern hervortrete«. Eben dieses behauptet aber auch der Rhetor an den schon oben angegebenen Stellen für die natürliche Gottesidee: p. 221,8 ff.; 226,10; 225,9 ff.; 228,10. Im weiteren Verlaufe stellt Julian »die Aussagen der Hellenen und Hebräer über die Gottheit einander gegenüber (p. 42 E; 43 A)« und wendet sich mithin von der Erörterung der natürlichen zur Betrachtung der erworbenen Gottesidee. Hier sind es nun zunächst p. 44 B; 135 A ff. die Göttermythen der Hellenen, also die dichterischen Darstellungen namentlich bei Homer, weche als Quelle der Gotteserkenntnis in Betracht kommen und ganz so wie

---

[1]) S. Neumann's deutsche Uebersetzung (Leipz. 1880). [2]) S. hierüber van Herwerden a a. O. p 122 ff.; Schulze, »De Juliani philosophia et moribus« Progr. Sundiae 1819 p. 9.

Dion p. 226,20 ff. eine ziemlich abfällige Kritik erfahren. Auch die Schwierigkeit des Verständnisses für die unwissende Menge, welche der Rhetor hier hervorhebt, wird von dem Kaiser p. 52 B betont, wenn er sagt: »auch den Wissenden ist es nicht möglich, ihre Erkenntnis allen andern mitzuteilen«, und unter demselben Gesichtspunkt hat man es wohl zu betrachten, wenn er p. 94 A bei den jüdischen Erzählungen von Gott noch die Möglichkeit offen lässt, sie könnten »etwa Mythen sein, deren Kern eine mysteriöse Spekulation bildet[1]«. Die Uebereinstimmung Julians mit Dion zeigt sich schliesslich auch darin, dass er hier p. 96 C; 49 A ff. wie dieser über die Dichter hinaus zu den Philosophen, insbesondere Platon, fortschreitet und diesen als die Quelle der wahren Gotteserkenntnis verwertet. Somit ergiebt sich eine wechselseitige Verwandtschaft zwischen Julians grossem Brieffragment, seiner Galiläerschrift und Dions zwölfter Rede. Dieses Verhältnis ist jedoch keineswegs auffallend, da ja nachgewiesenermassen das Bruchstück zum Teil als eine Vorarbeit zu der Streitschrift des Kaisers betrachtet werden muss[2]).

Kehren wir jedoch von dieser zu jenem zurück! Es findet sich hier p. 385,10 ff. eine Auseinandersetzung »über die den Göttern schuldige fromme Scheu«, welche hauptsächlich von der für einen gottesfürchtigen Mann sich eignenden Lektüre handelt. Diese Erörterung berührt sich in ihrem Grundgedanken mit der siebenten Rede des Kaisers, indem hier p. 385,13 ff. wie dort p. 265,6; 264,11 ff. das Anhören von gotteslästerlichen Vorträgen verpönt und p. 385,15 ff. im Zusammenhang damit die ganze alte Komödie verdammt wird. Die Rede bringt sogar eine besondere Abhandlung über das genannte Thema p. 306,20 ff. (vgl. die Ankündigung derselben p. 265,17 ff.), mit welcher das Brieffragment insofern übereinstimmt, als hier p. 385,22 ff. wie dort Pythagoras, Platon und Aristoteles als Muster von Religiosität gepriesen werden[3]). Der an den beiden Orten ausgeführte Grundgedanke ist von uns bereits oben p. 11 auf Dions zweite Rede p. 32,5 ff. zurückgeführt worden. Es kann jedoch gezeigt werden, dass die Auseinandersetzung des Brieffragmentes auch in ihrem weiteren Verlaufe aus eben dieser Quelle schöpft[4]). Denn wie der Rhetor p. 25,11 ff. von dem guten Herrscher verlangt, er solle Freude an der Philosophie haben, so betont der Kaiser p. 385,20 ff., die Schriften der Philosophen seien der passendste Lesestoff. Beide erklären, nicht jede Unterhaltungslektüre sei zu billigen (D. p. 25,14 ff. J. p. 386,14 ff.[5]), beide verwerfen die erotische Litteratur (D. p. 25,22 ff., 32,9 ff. J. p. 386,11) und die grobe Satire (D. p. 32,15 ff. J. p. 385,14) und beide empfehlen endlich aufs angelegentlichste die Götterhymnen (D. p. 25,20 ff. J. p. 386,27; or. 7 p. 276,10 ff.; 277,1 ff.).

Dieser Abschnitt des grossen Brieffragmentes wendet sich in seinem negativen Teile mit der Ablehnung der musikalischen Vorträge, der Spottreden, des unzüchtigen Umgangs mit Choristen, Tänzern, Mimen und Wagenlenkern (p. 385,13 ff.; 390,11 ff.) hauptsächlich gegen den Besuch der Theater (und des Cirkus), vor welchen Vergnügungsanstalten Julian p. 389,21; 390,9. 10. 16 auch noch ausdrücklich warnt. Er geht nun aber auf dieses Thema noch an einer anderen Stelle seiner Schriften viel ausführlicher ein, wie dasselbe auch bei Dion noch

---

[1] Ueber Julians Auffassung von den Mythen vgl. »A. Coh.« p. 131 ff. [2] S. »A. Enc.«. [3] S. über diesen Punkt »A. Coh.« p. 127 ff. [4] Ueber die für einen Staatsmann schickliche Lektüre handelt Dion auch in seiner 18. Rede »Ueber die Uebung in der Rede« (übersetzt von Stich a. a. O. p. 57 ff.), ohne dass sich jedoch zwischen dieser und Julian eine Beziehung nachweisen liesse. [5] Vgl. Rohde a. a. O. p. 349.

eine anderweitige eingehendere Erörterung erfährt. Bei dem Kaiser geschieht dies in dem »*Antiochikos oder Misopogon*¹)«, worin sich der Herrscher namentlich von der Seite des Volksbelehrers zeigt. Dieser Satire auf die Eigenart der Antiochener entspricht bei dem Rhetor nach Ton und Inhalt die Rede »an die Alexandriner (or. 32 p. 400 ff.)« so sehr, dass sie allem Anschein nach von Julian teilweise benützt worden ist, wenn sich auch allerdings keine wörtlichen Entlehnungen finden. Beide gehören zu der Gattung der sogenannten »Städtereden«, und in beiden wird in gleicher Weise der grossen Menge ihr ungebührliches Benehmen ihrem Fürsten gegenüber mit herben und bittern Worten vorgehalten. Sowohl die Alexandriner als auch die Antiochener hatten sich nämlich, anstatt für empfangene Wohlthaten dankbar zu sein, masslosen Erwartungen hingegeben und dann, hierin getäuscht, Aufläufe veranstaltet, wobei sie ihrem Unwillen ungescheut Luft machten²). Der Standpunkt, von dem aus die beiden Redner zu dem Volke sprechen, ist somit derjenige des Moralphilosophen (D. p. 403,27 ff. J. p. 463,10 ff.). Sie treten mit gesuchter Einfachheit und Schlichtheit vor der Menge auf (D. p. 407,23. J. p. 435,2 ff.; 436,4 ff.; 449,20 ff.) und sagen ihr freimütig die Wahrheit (D. p. 403,27 ff. J. p. 443,21 ff.; 461,2; 469,13 ff.), obwohl sie gewärtig sind für ihre wohlwollende Absicht kein Verständnis, sondern nur Missdeutung zu erfahren (D. p. 401,21 ff.; 402,9 ff.; 403,29 ff.; 408,14 ff.; 435,3 ff. J. p. 469,15 ff). Beide sind sich bewusst, dass ihr Publikum ihre Sittenpredigt nur ungern anhört (D. p. 400,6 ff.; 401,6 ff.; 402,12 ff.; 403,30 ff.; 407,2 ff. u. ö. J. p. 433,12; 445,9 ff.; 454,22 ff.; 456,1 ff ; 457,8; 458,1 ff. u. ö.), weil es lieber Schmeicheleien entgegen nehmen und unterhalten werden möchte (D. p. 400,1 ff.; 407,5; 412,26 ff. J. p. 458,1 ff ; s. u.) und bittere Vorwürfe nicht leiden kann (D. p. 406,13 ff. J. p. 433,11; 443,21; 469,15). Hiemit hängt es wohl auch zusammen, dass sich Dion wie Julian wegen der Wahl der schlicht-prosaischen anstatt der rhythmischen Darstellungsform entschuldigen zu müssen glauben (D. p. 407,5; 413,14 ff. J. p. 433,13 ff.³); 434,11 ff.). Sie gestehen auch offen zu, schlechte Musikanten zu sein, und sind gewiss, dadurch den Unwillen der Menge zu erregen (D. p. 407,14 ff. J. p. 434,5 ff.), da diese in ihrer Abneigung gegen jede Art von ernsthafter Unterhaltung (D. p. 402,20 ff.; 405,11 ff. J. p. 456,2 ff.; 463,8 ff.) es schon an und für sich gewöhnlich an der nötigen Ruhe und Geduld fehlen lasse (D. p. 400,7 ff.; 408,11 ff.; 409,26 ff. J. p. 443,22; 459,1 ff.).

Sind diese Beziehungen zwischen dem Misopogon und der Rede »an die Alexandriner« schon ziemlich bedeutsam, so wird die Abhängigkeit des Kaisers von dem Rhetor noch viel augenscheinlicher, wenn man sieht, wie sie beide das gemeinsame Thema »über die Natur des Volkes (D. p. 408,22 ff.)« in übereinstimmender Weise behandeln: Der Hauptvorwurf gegen die Bewohner von Alexandria wie gegen diejenigen von Antiochia, nämlich der der allzugrossen Leichtfertigkeit, ist bereits oben gestreift worden. Der Grund dieser

---

¹) Der Titel »Barthasser« wird p. 334,20 ff.; 435,7 ff.; 436,3 ff. durch die Mitteilung erklärt, die Antiochener hätten den Kaiser seines langen Philosophenbartes wegen verspottet. Hiemit kann man Dion or. 72 »Ueber die Philosophentracht« vergleichen, wo p 245,23 ff. und p. 246,31 ff. ebenfalls der Bart als dasjenige hervorgehoben wird, das den Spott der Menge hervorruft. Wahrscheinlich hatte auch Herakleios den Kaiser wegen seines Bartes mit Pan verglichen (s or. 7 p. 270,1; vgl Weber a. a. O. p. 114 ff. und »A. Greg.« p. 336), und dieser Vergleich veranlasste wohl den Kyniker wie den Kaiser, ihre Mythen in ein bukolisches Gewand zu hüllen. ²) Vgl. Breitung a. a. O. p. 7. ³) Vgl. Rohde a. a. O. p. 332.

Charaktereigenschaft wird nun von Julian und Dion gleichermassen in der geschichtlichen Tradition der zwei Städte gesucht (D. p. 424,16 ff. J. p. 447,8 ff.), indem beide Redner je eine historische Einzelheit ziemlich gezwungen in diesem Sinne auszubeuten suchen. Wie äussert sich aber diese Leichtfertigkeit? Zunächst in der übertriebenen Vorliebe für das Theater und die Rennbahn und dem daraus entspringenden unvernünftigen Gebaren an diesen Vergnügungsorten (D. p. 400,1 ff.; 412,4 ff.; 413,25 ff.; 414,10 ff.; 415,28 ff.; 417,19 ff.; 419,19 ff.; 422.7 ff.; 426,3 ff.; 429,28 ff. J. p. 436,17 ff.; 437,7 ff.; 440,13 ff.; 442,12 ff.; 443,4 ff. 18; 444,1; 445,23 ff.; 451,18 ff.; 453,1. 18 ff.; 457,18; 461,24 ff.; 464,10 ff.; 465,5; 471,10), wobei den Leuten vorgehalten wird, sie hätten nur Interesse für Schauspiele, komische Aufführungen, Mimen, Pantomimen, Spassmacher, Tänzer, Flötenspieler, Kitharöden, Pferderennen und Wagenlenker. Den ganzen Tag schrieen sie nach Brot (D. p. 410,20 ff. J. p. 576,5), wie sie sich überhaupt allzufrei benähmen und von ihrer Freiheit einen verfehlten Gebrauch machten (D. p. 418,2 ff. J. p. 442,17 ff.; 445,6 ff.; 450,20; 456,12; 458,13 ff.; 459,21 ff.; 460,13 ff.). Sie seien stets zum Spotte aufgelegt und nie um ein Witzwort verlegen (D. p. 422,5 ff. J. p. 435,11 ff.; 443,10 ff.; 445,21; 447,3 ff.; 459,6 ff. 17; 460,20 ff.; 465,18 ff.; 466,3 ff.; 469,21 ff.; 470,6 ff.; 12; 471,12 ff.; 473,9). Julian und Dion kommen endlich übereinstimmend zu dem Schlusse, ihre Zuhörer erniedrigten sich durch eine solche Aufführung unter die Barbaren, und sie vergleichen sie daher zu ihren Ungunsten mit diesen (D. p. 414,2 ff. J. p. 464,6 ff.). Als besondere Einzelheit mag noch erwähnt werden, dass der Kaiser p. 434,8 ff. sich auf seinem erhabenen, der Menge nicht genehmen und unerreichbaren Philosophenstandpunkt mit Ismenias vergleicht, der von sich sagte: »So will ich wenigstens den Musen und mir selbst Musik machen«. Denn diese Stelle scheint insofern auf den Rhetor zurückzuweisen, als dieser p. 421,10 ff. den Alexandrinern, die sich an der schlechten neuen Musik begeistern, zuruft: »Wenn . . . ein Ismenias vor euch auf der Flöte spielte . . ., in was für eine Verfassung würdet ihr erst dann geraten?« Zudem erzählt Dion or. 78 (»Ueber den Neid«) p. 276,11 ff. dieselbe Ismeniasanekdote, allerdings ohne den Namen des Künstlers zu nennen[1]).

Der Misopogon zeigt auch mit einer anderen Städterede Dions eine gewisse Aehnlichkeit, nämlich mit der »borysthenischen[2]«, die zum Teil lediglich eine Paraphrase des phokylideischen Satzes ist: »Eine kleine Gebirgsstadt, ist sie im Innern gesund, besiegt das verlotterte Ninus (p. 52,11 ff.)«. Wenn der Rhetor hier topographische und kulturhistorische Notizen über die Borystheniten einflicht, so enthält auch die kaiserliche Schrift solche Stellen, besonders p. 464,2 ff., wo die Kelten und Germanen den raffiniert üppigen, schwelgerischen und schamlosen Antiochenern als Muster eines unverdorbenen Naturvolkes gegenüber gestellt werden. Nun sind die erwähnten Abschnitte der dioneischen Rede höchst wahrscheinlich mit dem Geschichtswerk des Rhetors über die Geten (vgl. p. 48,5 ff. 49,9 ff.) in Zusammenhang zu bringen, in welchem wohl »den religiösen, politischen und sozialen Einrichtungen ein besonderes Interesse geschenkt« wurde, da es »eine zugleich ethische und politische Tendenz« hatte, nämlich an dem Beispiel der Geten das Naturgesetz zu erweisen, »dass die Völker und Staaten mit dem Augenblicke aufhören, lebensfähig zu sein,

---

[1]) Vgl. Hertlein zu Jul. Misop. p. 414,11. [2]) Or. 36: übersetzt von Stich a. a. O. p. 7 ff.

als sie die Einfachheit der Sitten verlassen und den sinnlichen Genuss über die sittliche Tüchtigkeit stellen". Durch den genannten Passus des Misopogon und die ebenda p. 438,7 ff. sich findende anschauliche Beschreibung von Paris (vgl. epist. 38 p. 535,11 ff. die Schilderung von Besançon und epist. 27 p. 516,21 ff. diejenige von Batnae[1]) wird man in entsprechender Weise an Julians Werk »über seine eigenen Kriegsthaten[2]« erinnert. Geradeso wie nach dem Gesagten Dions Getika »als ein bedeutsames Gegenstück zu der ganz gleichzeitig herausgegebenen Germania des Tacitus gelten« dürften, so darf man wohl mit einem gewissen Grade von Wahrscheinlichkeit für das historische Werk des Kaisers eine ähnliche Grundtendenz voraussetzen, wobei ihm das »getische Tagebuch« des Rhetors als Vorlage dienen mochte[3]). Dieses könnte auch die Quelle der Angabe über die Besiegung der Geten durch Konstantinus (Jul. or. 1 p. 11,8 ff.) sein, der sich dieser Kaiser in den Caesares p. 420,21 ff. rühmt, ferner für das »getische Siegeszeichen« des Trajan (Caesares p. 400,12), das derselbe ebenda p. 420,12 ff. vorweist, und endlich für die von Caesar a. a. O. p. 412,14 ff. erwähnten getischen Kriegsthaten Alexanders des Grossen (s. o. p. 23,5). Dass Julian die »borysthenische Rede« kannte, ist auch deshalb sehr wahrscheinlich, weil sie ja das philosophisch-politische Thema »über das Gemeinwesen (p. 53.3; 54.4 ff.)«, und zwar über das irdische wie über das göttliche, im Anschluss an Platon behandelt[4]).

Die Abhängigkeit des Misopogon von Dion darf umsoweniger Wunder nehmen, als wir ja bereits an drei anderen politischen Satiren Julians, dem Mustermythos, der Trostrede und den Caesares dieselbe Beziehung dargelegt haben. Dadurch, dass der Kaiser sich aber in dieser Spottrede geradeso wie der Rhetor auf den Standpunkt des moralischen Volksbelehrers stellt, ergiebt sich noch eine weitere Berührung mit Dion. Dieser hängt sich nämlich in seiner herben und bitteren[5]) Rede p. 407,23 ff. ganz offen den Mantel des Kynikers um[6]) und preist p. 403,27 ff. den echten Philosophen als den »wahrsten und vollkommensten Erklärer und Propheten der unsterblichen Natur, der die Menschen belehrt . . . über das Leben, der Pflicht und That voraus erwägt und deshalb der Tröster im Unglück und der Ratgeber sein kann für Städte, Völker und Könige[7])«. Das ist genau dieselbe Auffassung, welche

---

[1]) Vgl. Rohde a. a. O. p. 512,1. [2]) S. Schwarz a. a. O. p. 11; Hecker a. a. O. p. 10 ff.; Koch, »De Juliano imperatore scriptorum, qui res in Gallia ab eo gestas enarrant, auctore« Diss. Leid. 1890; Reinhardt a. a. O. p. 15. 17 und die neuere Litteratur über die Alamannenschlacht bei Strassburg. [3]) S. Haupt a. a. O. p. 402 ff.
[4]) Bei dieser Gelegenheit möchten wir die Vermutung nicht unterdrücken, ob nicht Julian für manche seiner Angaben über persische und orientalische Dinge die »Persische Geschichte« Dions benützte: So z. B. für die ganz kynisch gefärbte Anekdote von Demokritos und Dareios epist. 37 p. 533,13 ff., die nicht aus Lukian Demon. § 25 stammen kann, weil hier der Kyniker Demonax und Herodes Attikus an Stelle des Perserkönigs auftreten und sich auch sonst ein Zusammenhang zwischen dem Kaiser und dem Sophisten von Samosata nicht nachweisen lässt. Denn die von Petavius und Spanheim behauptete Abhängigkeit der Caesares p. 409.12 ff. von dem Demonax § 65 bezüglich des in beiden Schriften teilweise vorkommenden Heroldsrufes ist nicht zu beweisen. Für unsere Annahme, die erwähnte persische Anekdote könnte aus Dions Persika stammen, spricht auch das Vorkommen einer philosophisch gewendeten medizinischen Geschichte von dem Arzte Demodokos und dem Könige Dareios bei Dion or. 77 (»Ueber den Neid«) p. 273,27 ff. Vgl. über die Demokritanekdote bei Julian Zeller a. a. O. I [4] p. 76; Anm.; Buresch, »Consolationum a Graecis Romanisque scriptarum historia critica« Leipz. Stud. für klass. Philol. 9 p. 8; über Dions Persika Haupt a. a. O. p. 387 ff. [5]) Vgl. Breitung a. a. O. p. 7,17.
[6]) Vgl. Stich a. a. O. p. 6; Weber a. a. O. p. 222 ff. [7]) Vgl. Burckhardt a. a. O. p. 100.

Julian in seiner sechsten und siebenten Rede von der Aufgabe des kynischen Philosophen hat, wie diese in idealer Weise von Diogenes erfüllt worden sei. Diesen Anforderungen entspricht er aber auch selbst in seinem Misopogon, der mit seinem ironischen, halb ernsten, halb scherzhaften Ton, mit seiner rücksichtslosen, realistischen Selbstcharakteristik, mit seiner Durchführung des Gegensatzes der einfachen und der üppigen Lebensweise eine nicht minder kynische Färbung zeigt, als sie die alexandrinische Rede Dions aufweist. Wenn er z. B. Misop. 437,16 ff. ausführt, er lebe in beständigem Kampfe mit seinem Magen, welchem er die Sättigung mit vielen Speisen nicht gönne, so stimmt dies genau mit der Vorschrift überein, die er or. 7 p. 293,11 ff. dem Kyniker macht: »Er muss beständig aus sich heraustreten und erkennen, . . . dass er göttlich ist . . ., und er muss gar nicht auf seinen Körper achten und seine eigene Bedienung so einfach als möglich gestalten, so lange ihm der Gott befiehlt, sich seines Körpers wie eines Werkzeugs zu bedienen«. Der gleiche Zug kehrt auch in den Caesares p. 408,4 ff. an Julians idealem Vorbild Mark Aurel wieder, dessen Körper »wegen Mangel an Nahrung . . . geisterhaft und durchsichtig« genannt wird, und ebenso an dem Helden des Mustermythos, dem ja »der Leib auch nur wegen seines Dienstes auf der Erde von den Göttern gegeben worden ist«. Dass er von dem kynischen Heros Herakles stammt, der nach or. 7 p. 284,14 ja auch »den Kampf gegen den Mangel an Nahrung aufgenommen«, ist bereits oben p. 18 gezeigt worden und geht auch deutlich aus der Schilderung hervor, welche Diogenes bei Dion or. 8 (»Diogenes oder über die Tugend«) p 150,4 ff. von dem Heros entwirft. Da Julian sich mithin in seinem Misopogon geradeso wie Dion in seiner Rede an die Alexandriner als Kyniker giebt[1]) und diesem damit den Charakter einer kynischen Sittenpredigt verleiht, giebt er deutlich zu erkennen, dass es die von dem Rhetor geübte Art der Volksbelehrung ist, welche er für die einem Herrscher angemessene hält.

Die Vertreter der kynischen Popularphilosophie waren aber zu Dions Zeit nicht sehr geachtet. Dies beweist das bereits oben p. 34 ff. geschilderte Verhältnis des Redners zu der Menge und die ausdrückliche Versicherung p. 403,6, die (kynischen) Philosophen würden geradezu verachtet. Dies Thema wird auch or. 72 p. 245,22 ff; 246,32 ff.; 247,11 ff.; 248,16 ff.; 250,23 ff. und or. 78 p. 284,8 ff. (beachte auch p. 281,32 ff.) behandelt, nicht ohne das demütigende Zugeständnis, die zeitgenössischen Kyniker reichten eben bei weitem nicht mehr an die ideale Grösse eines Diogenes hinan. Ganz dieselben Gedanken, nur etwas allgemeiner, bringt nun aber auch Julian durch die Darlegung seines Verhältnisses zu den Antiochenern and or. 6 p. 255,19 ff.—257,5; or. 7 p. 289,20 ff.; 291,16 ff.; 291,25 ff. zum Ausdruck, und wir finden bei ihm or. 6 p. 256.15 ff. eine dahin zielende Stelle, die wohl unmittelbar auf Dion zurückgeführt werden kann. Denn wenn er hier mit einem gewissen Be-

---

[1]) Vgl. Weber a. a. O. p. 82; 98; 114; 134; 160,1; Schlosser, »Universalhistorische Uebersicht« III 3 p. 61 ff.; Ullmann², »Gregorius von Nazianz« Gotha 1867 p. 26,1; Naville a. a. O. p. 34; Semisch, »Julian der Abtrünnige« Breslau 1862 p. 9; 16; Kellerbauer a. a. O. p. 20; 46,186; Bartenstein a. a. O. p. 42 ff.; Strauss a. a. O. p. 43; 49; Neander a. a. O. p. 73 ff.; Spanheim in seiner o. p. 27,1 genannten Vorrede; De La Bléterie a. a. O. p. 204; Helferich, »Krates Gebet« Progr. Karlsr. 1852 p. 19. Ganz verkehrt ist das Urteil Mücke's a. a O. p. 173 ff. und zu allgemein dasjenige Klimeks a. a. O. p. 12. (S. auch Norden, »Beiträge zur Gesch. der griech. Philos.« 19. Suppl. der Jahrbb. für klass. Philol. 1892 p. 367 ff.; Zeller, Sitzungsber. der Berl. Akad. 1893 p. 129 ff.; Heinrici, Theol. Litztg. 1894 p. 200 ff.); Jaehne a. a. O. p. 10.; Holzwarth, »Julian der Abtrünnige« Freiburg 1874 p. 33; Hasenclever. a. a. O. p. 56.

dauern eingesteht, er habe für seinen Zeitgenossen, den Kyniker Iphikles, früher nur das Gefühl des Erbarmens übrig gehabt, so erinnert dieses Gestandnis sehr an die Beurteilung des Diogenes vonseiten Alexanders des Grossen, der bei dem Rhetor or. 4 p. 64,28 ff. von anfänglichem verächtlichen Mitleid zur Bewunderung des Kynikers fortschreitet. Da sich hinter dem Makedonierkönig hier sicherlich der von Julian vergötterte Trajan verbirgt (s. o. p. 23), so wird die Abhängigkeit des Kaisers von dem Rhetor an der genannten Stelle nur umso wahrscheinlicher und interessanter. Dieser verdankte, wie aus or. 8 p. 149,10 ff. hervorgeht, den in der Rede an die Alexandriner durchgeführten Gedanken, dass die Menge den wahren Philosophen den Rücken zuwende, um den Gauklern ihre Aufmerksamkeit zu widmen, offenbar dem Diogenes, den er a. a. O. mit Berufung auf den im Leben verachteten, nach seinem Tode aber vergötterten Herakles bezüglich seiner Person dieselbe Klage fuhren lässt.

Befinden sich nun aber der Kaiser wie der Rhetor den Antiochenern und den Alexandrinern gegenüber in derselben Lage, so geben sie auch beide dieselben Erklärungsgründe dafür an. Sie machen übereinstimmend die Pseudokyniker ihrer Zeit für die Missachtung der Philosophen verantwortlich, welche ihre Zuhörer von der wahren Philosophie ab- und die Vertreter derselben in Verruf brächten (D. or. 32 p. 403,5 ff. J. or. 6 p. 256,8 ff. or. 7 p. 289,24 ff.; 291,17 ff.). Dion thut dies in seiner Rede an die Alexandriner, Julian in der Rede »gegen die ungebildeten Hunde (6)« und »gegen den Kyniker Herakleios (7)«, die geradezu Streitschriften gegen solche falsche Schüler des Antisthenes[1]) sind. Aber auch die Charakteristik dieser Menschenklasse, zu der sich der Kaiser und der Rhetor (D. or. 32 p. 402,22 ff. Jul. or. 6. 7.) ausdrücklich in Gegensatz stellen, indem sie ihr den Beruf zur Belehrung und Besserung des Volkes bestreiten, ist bei ihnen dieselbe: Sie behaupten beide, diese Leute trieben sich in den Städten umher (D. p. 402,32. J. or. 7 p. 289,21), seien sehr unwissend (D. p. 402,31. J. or. 7 p. 291,26; 294,19 ff.; 304,21; 305,26), bettelten, um ihren Bauch zu füllen (D. p. 403,1. J. or. 6 p. 256,27 ff.; 257,8 ff.), wendeten sich an die Kinder und einfachen, ungebildeten Menschen (D. p. 403,1 ff. J. or. 7 p. 289,2 ff.; vgl. frg. epist. p. 391,18 ff.; contra Galil. p. 206 A), schmeichelten der Menge (D p. 412,26. J. or. 7 p. 289,23; 291,9 fl; 305,25), bellten die ihnen Begegnenden an (D. p. 421,26. J. or 7 p. 291,10) und bedienten sich der gewöhnlichen Sprache und des Marktes (D. p. 403,3 ff. J. or. 7 p. 291,22). Ein Umstand ist bei dieser gemeinsamen Kritik der Pseudokyniker besonders bezeichnend: Der Kaiser bringt dieselben namlich geradeso wie der Rhetor in einen engen Zusammenhang mit den schlechten Rednern, welche unter der Maske des Philosophen des Gewinnes wegen vor dem Volke auftreten und es bloss unterhalten, statt es zu belehren (D. or. 32 p. 403,13 ff.; 413,11 ff.; 423,27. J. or. 7 p. 291,18 ff.; 305,25 ff.; 306,9 ff.).

Einem typischen Vertreter dieser Pseudokyniker tragt nun aber Julian seinen Mustermythos vor, von dem wir ausgingen; denn Herakleios hatte vorher eine Rede gehalten, in welcher der Kaiser unter der mythischen Hülle des Pan (s. o. p 34,1) und des Phaethon (s. o. p. 30 ff.) eine derbsatirische Beurteilung erfuhr. Diese Kritik hätte den Kaiser sicherlich nicht weiter berührt, wenn sie nicht zugleich der Ausdruck desjenigen Teiles seiner Unter-

---

[1]) Vgl. »A. Greg.« p. 334 ff.

thanen gewesen wäre, welche sich mit der religionsphilosophischen Seite seines Herrscher ideals nicht befreunden konnten und deshalb, wie die zahlreichen im Misopogon verstreuten Spottreden der Antiochener beweisen, sein ganzes Regierungsprogramm, auch das politisch-soziale, ablehnten. Dieser Herakleios stand ebenso wie der in der 6. Rede bekämpfte Pseudo-kyniker im Bunde mit den Galiläern, und wir werden nicht fehlgehen, wenn wir in den witzigen Gegnern, welche Julian in dem an die christlichen Antiochener gerichteten Misopogon treffen will, ebenfalls solche christliche oder mit den Christen sympathisierende Kyniker suchen[1]). Denn wie konnten die Galiläer dem politisch-sozialen Programm des Kaisers besser die Spitze bieten, als indem sie für ihre praktische Propaganda bei den Kynikern Bundes-genossen warben? So erklärt sich auch die Thatsache, dass der Mustermythos sozusagen zwei Fronten hat. Auf der einen steht ein kynisches Kontingent, das bei Dion ausgehoben worden ist, um damit die sozialen Praktiker im feindlichen Lager zu schlagen, auf der andern aber steht das neuplatonische Aufgebot, welches Maximus von Ephesos (s. o p. 26 ff.) gegen die theologischen Theoretiker bei den Galiläern herbeigeführt hat. Er, der kynisierende Neu-platoniker[2]), ist offenbar auch der Stratege, der den gemeinsamen Schlachtplan für die künstlich geeinte praktisch-philosophische und spekulativ-theologische Streitmacht entwarf. Denn als mit der persischen Niederlage Julians zugleich auch der grosse Kulturkampf des vierten Jahrhunderts ausgefochten war, da riefen die Antiochener höhnisch-frohlockend aus: »Wo bleiben nun deine Prophezeiungen, du närrischer Maximus? (s. Theodoret. hist. eccl. III c. 22 col. 1121 A, t. 82 ed. Migne)«[3]). Der Zeus entsprossene Herakles und Dionysos (s. o. p. 25 ff.), der Imperator und Pontifex Maximus des Römerreichs, war ja eines natürlichen Heldentodes im fernen Asien gestorben. Es war ihm nicht gelungen, sein Herrschaftsideal, die politische und religiöse Reformation der Weltherrschaft, so zu verwirklichen, wie er es in seinem Mustermythos dargestellt hat, weil die Metaphysik und die praktische Philosophie des Christentums im Laufe der letzten drei Jahrhunderte die veraltete und zu eng gewordene Form des Hellenismus gesprengt hatte. Der mit grossem Idealismus und zäher Energie unter-nommene Versuch, eine Renaissance des Hellenismus[4]) durch Verschmelzung neu-platonischer Spekulation mit kynischer Sozialpolitik herbei zu führen und die entgötterte Welt wieder in die von den Göttern vorgeschriebenen Bahnen zurück zu lenken, musste darum scheitern. Aber der Zusammenbruch des Hellenismus im vierten Jahrhundert nach Christus war nur der letzte Akt des grossen welthistorischen Schauspiels, in welchem die Regierung Trajans und Mark Aurels gewissermassen ein retardierendes Moment vor dem Hereinbruch der Katastrophe bildet. Denn auch diese beiden Herrscher hatten eine altgriechische Renais-sance angestrebt. Trajan verehrte aber den Dion geradezu als Lehrer der Herrscherweisheit, und die Regierung Mark Aurels beruht auf seinen sozialen Anforderungen[5]). Der Rhetor war ein ebenso überzeugter als gewandter Apostel für die Pflege alter Bürger- und Herrscher-Tugenden, er empfahl die alten Dichter und Philosophen seinen Zeitgenossen zur Nachahmung und stellte ihnen wieder ein Bildungsideal auf. Was Wunder also, wenn Julian, der begeisterte Verehrer eines Trajan und Mark Aurel (s. o. p. 22 ff.), bei demselben Manne in die Schule

---

[1]) Vgl. «A. Greg» p. 134 ff. [2]) S. o. p. 26 ff. [3]) Vgl. »A. Enc.« . [4]) Hierüber vgl. besonders Neander a. a. O. p. 3 ff.; 63 ff.; Strauss a. a. O. p. 16 ff.; Rode a. a. O. p. 44 ff.; Hasenclever a. a. O. p. 29 ff. [5]) S. Stich a. a. O. p. 4; Ranke, »Weltgeschichte« III p. 305.

ging, dem diese ihre reformatorischen Ideen verdankten? Musste doch auch die Vereinigung von platonischer Spekulation mit kynischer Sittenlehre bei Dion[1]) dem neuplatonischen Kyniker auf dem Caesarenthron sympathisch sein.

Wer wies ihm aber den Weg zu Dion? Man könnte zunächst an Maximus von Ephesos denken, wenn sich nicht unter den Lehrern Julians noch ein anderer fände, der ihm hierin mit Recht den Rang streitig macht. Es ist der eklektische Platoniker Themistios, der, wie bereits oben p. 27 ff. gezeigt wurde, einerseits mit Dion sehr vertraut war und andrerseits dem Kaiser an mehr als einer Stelle seiner Schriften zum Vorbild diente[2]). Mit diesem Philosophen stand Julian schon lange vor der Abfassungszeit des noch erhaltenen an ihn gerichteten Briefes, also vor der Wende des Jahres 361[3]), in regem schriftlichen Verkehr (s. ep. ad Them. p. 328,13; 336,14 ff.; 344,24 ff.), und wir können deshalb wohl auch die Anklänge an Dion, die sich in den früheren, bis ins Jahr 355 hinaufreichenden Schriften des Kaisers finden, auf seine Vermittlung zurückführen. Themistios stand dem Rhetor auch philosophisch sehr nahe. Trotz seines weitgehenden Eklekticismus neigte er sich nämlich doch hauptsächlich der praktischen Philosophie zu, wie seine von Julian epist. ad Them. p. 344,8 ff. überlieferte Definition der Aufgabe des Philosophen als der »Unterweisung in den das Gemeinwohl betreffenden Angelegenheiten« und nicht minder die or. 17 ff. 261,27 ff. ed. Dind. gegebene Begriffsbestimmung der Philosophie: »Jedes Streben nach der Tugend ist Philosophie (vgl. Julian or. 6 ff. 243,7 ff.; ep. 59 ff. 571,18 ff.)« beweisen. Dass es die kynische Tugendlehre war, welche ihm die erhabenste schien, erfährt man aus seiner Rede »über die Tugend«, wo er a. a. O. p. 442 dem Weg, »den zuerst Sokrates fand und auf dem Anthisthenes, Diogenes und Krates nach ihm schritten, die ihn vorzugsweise zierten und namhaft machten«, vor allen andern den Preis zuerkennt. Seine Vorliebe für den Kynismus macht sich auch sonst bemerklich: So namentlich in der 21. Rede, in welcher sich viele kynische Anklänge finden. Ja sogar in dem von Julian beantworteten Briefe fanden sich offenbar solche. Denn hier hatte er ja, um dem Kaiser seine Herrscheraufgabe möglichst erhaben darzustellen und den höheren Wert der praktischen (»unter freiem Himmel bethätigten« p. 340,5; vgl. Epikt. Diatr. III 22, 16, wo der Kyniker »der unter freiem Himmel sich bethätigende« genannt wird) gegenüber der theoretischen Philosophie ins Licht zu stellen, ihm gerade wie einst Dion dem Trajan das Beispiel des Herakles vor Augen gehalten (s. p. 329,1)[4]). Als ein zweiter Herakles stellt sich aber Julian in seinem Mustermythos dar, dessen dioneisches Vorbild gelegentlich auch von Themistios nachgeahmt wird (s. o. p. 28).

Demnach fiele dem Themistios ein wesentlicher Anteil an den Renaissancebestrebungen Julians zu. Er ist es, welcher dem Kaiser jenes kynische Kontingent für den

---

[1]) Hiefür ist besonders die o. p. 35 ff. erwähnte »borysthenische Rede (36)« bezeichnend. [2]) Vgl. Wyttenbach, »Animadversiones« a. a. O. p. 132; 133; 111; 163; 190; 191 und Barner a. a. O p. 43 ff. Allerdings ist merkwürdigerweise bei den Alten nicht viel über das Verhältnis Julians zu dem Philosophen zu finden, worüber sich bereits Paganino Gaudenzio, »De Pythagoraea animarum transmigratione« Pisis 1641 4° p. 168 in einer: »De philosophica cognitione Juliani imperatoris etc.« betitelten Abhandlung wundert. Vgl. auch Zeller, »Philos. der Griech.« III, 2¹ p. 742,2, wo jedoch epist. ad Themist. nicht hätte übergangen werden dürfen. [3]) S. Schwarz a. a. O. p. 10. [4]) Ebenso empfiehlt er ihm epist. ad Them. p. 333,11 den Lehrer von Dions Zeitgenossen Epiktet, Musonios, als ein Muster eines praktischen Philosophen. Vgl. über diesen u. a. unsere »Quaestiones Epicteteae« Friburg. Brisig. 1838 p. 41 ff.

sozialen Kampf mit den Galiläern zuführte. Von ihm wurde Julian im Streben nach der Erreichung des einen Ideals, das er ihm vorgehalten hatte, unterstützt. Themistios wurde für den Kaiser der Interpret des praktisch philosophischen Herrscherideals, wie es bei Dion Chrysostomos in dem Heraklesmythos zum Ausdruck kommt. Indem wir im obigen die Abhängigkeit des Kaisers von dem Rhetor untersuchten, glauben wir auch gezeigt zu haben, wie sich bei ihm das Heraklesideal darstellt. Wir wissen freilich so gut wie Themistios, dass der philosophisch-politische Januskopf Julians ausser dem erdwärts gewandten, den Spuren des Herakles folgenden, bärtigen Kyniker-Antlitz noch ein zweites besitzt; Das Neuplatoniker-Gesicht, welches mit seinem ekstatischen Blicke bis in die Regionen des überirdischen Dionysos-Helios (s. or. 4 p. 186,24 ff.) dringen will. Allein die Züge dieses Gesichtes stammen nicht aus Dion Chrysostomos.

Register.

Achilleus 23,2.
Alexander d. Gr. 12,2; 20; 22 ff.; 25; 27; 29; 36; 38.
Alkibiades 27.
Antisthenes 6; 9; 13.
Aristoteles 29.
Asklepios 11,4.
Aurelian 22.
Christen (Galiläer) 11,4; 22; 28,4; 31 ff.; 39.
Diogenes 20; 23,1; 26; 30,5; 37 ff.
Dion or. I: 6 ff.; 13 ff.; 16; 18 ff.; 21; 23 ff.; 28; 30 ff. — or. II: 6,3; 7,1; 8,1; 11; 12,2; 14,2. 3; 20; 23,2; 33. — or. III: 7,1; 8,1; 14,4. — or. IV: 6,3; 7,1; 8,1; 9,1; 11; 12,2; 20; 23 ff.; 30,5; 38. — or. V: 8,2; 11,1; 20,1. — or. VIII: 37 ff — or. XII: 31 ff — or. XIII. 16 ff. — or. XVIII: 33,4 — or. XXXII: 34 ff.; 38. — or. XXXVI: 31; 35 ff. — or. LXII: 7,1. — or. LXIII, LXIV, LXV; 29,2. — LXXII: 34,1; 37. — or. LXXVII: 36,4. — or. LXXVIII: 35; 37. — Getika: 35 ff. — Persika: 36,4. — Über die Tugenden Alexanders: 23,5. — Trajan-Biographie: 23,5.
Dionysos 6; 11,4; 20; 25 ff.; 27 ff.; 41.
Domitian 16.
Euripides 14,1; 27.
Flavius Sabinus 16.
Galiläer s. Christen.
Gallienus 20.
Heiland-Idee 11,4.
Helios 22; 23,1; 30 ff.; 41.

Herakleios 1; 5; 15; 30; 34,1; 38 ff
Herakles 5; 6 ff.; 9 ff.; 11,4; 12; 12,2; 13; 18 ff.; 20; 20,1; 23 ff.; 27 ff; 37 ff.; 40 ff.
Hirten-Vergleich 8; 12 ff.; 14; 28.
Homer 8; 14; 20.
Jesus 22.
Iphikles 36.
Ismenias 35.
Julian or. I: 12,4; 13; 14,4; 15,2; 20,1; 22; 23,5; 30; 36 — or. II: 12 ff.; 14 ff; 17; 24; 30 — or. III: 12,2; 30. — or. IV: 3,3; 15; 18; 22; 23; 28,4; 30; 41. — or. V: 10; 11,1; 18. — or. VI: 8,1; 23,5; 27; 37 ff. — or. VII: 1; 10,1; 11; 15; 17,4; 23; 25; 30; 31; 37 ff. Skizze der Herakles-Sage 6; 9 ff.; 18; 24. Mustermythos 1 ff.; 11 ff.; 15; 21 ff.; 24 ff.; 31; 38 ff. — or. VIII; 16 ff.; 21; 27. — epist. ad Athen.: 12,1; 17,3. — fragm. epist.: 29 ff.; 31 ff.; 33. — Caesares. 17 ff.; 21 ff.; 24 ff.; 28 ff; 29,1; 31; 37. — Misopogon: 8,1; 28,3; 34 ff.; 34,1; 39. — epist. XVI: 16,3. — epist. XVII: 16. — epist. XXVII: 36. — epist. XXXVII: 36,4. — epist. XXXVIII: 36. — epist. LIX: 23,5. — epist. LXIII: 31. — Galiläerschrift: 32 ff. — Kronia: 15; 21; 28,4. — Über s. Kriegsthaten: 36.
Ixion 11.
Konstantinus 12; 15; 20; 22; 26; 36.
Konstantius 12; 12,4; 14 ff.; 20,1; 22.
Kronos 19; 24; 28.

Kynismus 8,1; 24,1; 11,4; 14,1. 3; 20; 23, 1. 5; 24; 25; 26 ff.; 28,4; 30; 34,1; 26,4; 36 ff.; 38 ff.; 40 ff.
Lukian 36,4.
Magnentius 13; 15; 20.
Mark Aurel 8,1; 18; 22; 22,3; 23,3; 24 ff; 26; 27; 37; 39.
Maximus von Ephesos 16,3; 26 ff.; 39.
Mithras 8,1; 22.
Musonius 40,3.
Neuplatonismus 10; 11,4; 18; 25 ff. 28,4; 39 ff.
Odysseus 17.
Oktavian 19; 25.
Pan 34,1; 38.
Parodie 15 ff.; 20; 27.
Perserkönig 14,4; 36,4.
Perseus 5 ff.
Phaethon 30 ff.; 38.
Philotes 21; 21,1.
Platon 8; 27; 28; 36; 40.
Plutarch 27,2.
Poseidon 14,4.
Prodikos 5; 13.
Sabinus s. Flavius.
Sallustius 15 ff.; 21; 27; 28,4.
Satire 12; 15 ff.; 17 ff.; 24; 31.
Silen 20; 26 ff.; 29.
Sokrates 14,3; 26 ff.
Spudogeloios 27.
Tacitus 36.
Themistios 14,4; 18,1; 27 ff.; 29; 40 ff.
Theseus 6.
Trajan 23; 23,5; 25; 30; 36; 38 ff.
Typhon 13; 13,2; 15.